Mangosuthu G. Buthelezi

Südafrika · Meine Vision

Mangosuthu G. Buthelezi

Südafrika
Meine Vision

Aus dem Englischen übertragen
von Anton Manzella

Busse Seewald

CIP-Titelaufnahme der Deutschen Bibliothek

Buthelezi, Gatsha:
Südafrika, meine Vision / Mangosuthu G. Buthelezi.
Aus d. Engl. übertr. von Anton Manzella. –
Herford : Busse Seewald, 1990
Einheitssacht.: South Africa, my vision of the future <dt.>
ISBN 3-512-00976-X

Gesamtherstellung: Busse Druck, Herford
Printed in Germany

ISBN 3-512-00976-X

Inhalt

Vorwort

Man hat mich gebeten, dieses persönliche Buch zu schreiben, um meine gegenwärtigen Gedanken über Südafrika und seine Zukunft zu verdeutlichen.

Es geht mir nicht um eine tiefgründige Abhandlung, sondern vielmehr um die Darstellung meiner allgemeinen Ansichten, wie sie sich in mehr als vier Jahrzehnten schwarzer politischer Opposition gegen die Apartheid herausgebildet haben.

Ich möchte vor allem Hoffnung vermitteln, aber auch vor den Gefahren warnen, die ich sehe. Ich bin ein schwarzer Südafrikaner, der aufrichtig glaubt, daß endlich die Zeit nahe ist, in der wir fähig sein werden, ein neues Schicksal für dieses Land zu planen. An all jene, die dieses Land ihre Heimat nennen, an all jene, die sich hier und im Ausland wahrhaft um Südafrika sorgen, plädiere ich, nun Brücken nationaler und internationaler Einheit und Versöhnung zu bauen.

Unsere künftige Freiheit muß umfassend sein und von allen gehegt, geliebt, respektiert und ausgeübt werden. Wir müssen jetzt und heute darauf hinarbeiten, sehr bald eine gute Regierung zu finden, zu stützen und stets den höchsten Idealen der Demokratie gerecht zu werden. Wir müssen in uns selbst und ineinander hineinblicken.

Über Südafrika ist viel geschrieben worden, und es gibt zahlreiche beachtenswerte Bücher, die in manchen Bereichen weit ausgedehntere Perspektiven bieten, als ich es hier versuche. Ich möchte nicht nach dem beurteilt werden, was ich ausgelassen habe, sondern ich möchte, wie bereits erwähnt, daß man mein Buch als eine ganz persönliche

Erklärung meiner Gedanken und der Motive betrachtet, aus denen ich mein ganzes Leben lang eine greifbare Verbesserung für alle Südafrikaner und besonders für meine leidgeprüften schwarzen Brüder und Schwestern angestrebt habe.

In manchen Teilen bringe ich Meinungen zum Ausdruck, die ich im Laufe der Jahre immer wieder in Reden und in anderen Äußerungen vertreten habe. Der Kern meiner Botschaft ist heute kein anderer als seit vielen Jahren. Südafrika wandelt sich, doch die grundlegenden politischen Haltungen und offiziellen Positionen der Schwarzen sind unverändert geblieben.

Meiner Ansicht nach müssen Schwarze wie Weiße von der Apartheid befreit werden.

Ich schreibe über meine Nöte und die Nöte derjenigen, die ich liebe und die mein Leben, meine Arbeit und meine Sorgen mit mir geteilt haben. Ich schreibe darüber, weshalb wir zu unseren Schlüssen kamen und weshalb wir zuweilen allein standen und dem Druck, unsere Haltung zu ändern, nicht nachgaben. Ich schreibe über die Alternativen, die wir hatten, und über unsere physische Furcht, während wir uns mühsam voranschleppten und verzweifelt hofften, all unseren Unzulänglichkeiten zum Trotz eine ehrliche Rolle in dem Kampf zu spielen und jene loyal zu vertreten, die von uns Aktionen in ihrem Namen erwarteten.

Dabei wurden wir von einer Vielzahl wirklich bemerkenswerter Menschen ermutigt, die an uns glaubten und uns mit allen Kräften unterstützten. Ohne sie wären wir niemals in der Lage gewesen, unsere Arbeit fortzusetzen und zu der Überzeugung zu kommen, daß auch wir einen positiven Beitrag zu leisten haben und dafür ein Mandat besitzen. Politik hat schließlich vor allem mit Macht und dem Willen der Menschen zu tun, ihre eigenen Führer zu wählen und selbstgewollte Organisationen zu fördern.

Dieses Buch ist mithin auch ein einfacher Tribut an alle, die unsere Vision und unsere entschiedene Meinung geteilt haben, daß Gewaltlosigkeit und Verhandlungen ehrenwerte Ziele sind, und die uns trotz unglaublichen Drucks treu zur Seite stehen.

Wenn ich zurückblicke, spüre ich die Tränen unseres Kummers darüber, daß all unsere Bemühungen von manchen als wertlos und egoistisch oder bestenfalls als zu »gemäßigt« für den politischen Geschmack der sogenannten progressiven Kräfte dargestellt wurden (und noch dargestellt werden). Auch Politiker weinen, und wir haben auf unserem Weg bitteres Leid durchmachen müssen.

Ich schreibe über die Realitäten, die uns umgeben, über die Lektionen, die Afrika uns im Laufe der Jahre gelehrt hat, und über eine Zukunft, die uns, wie wir meinen, echten Frieden und Wohlstand bieten könnte, über den Aufbau einer Gesellschaft, die auf dem gründet, was allgemein als anständig und vereinbar mit der Würde und den Rechten aller Männer, Frauen und Kinder akzeptiert wird.

Heute könnte sich kein schwarzer Südafrikaner meiner Generation je vorstellen, daß die Uhr bis in die Zeit unserer Jugend zurückgedreht würde, als wir, sogar verglichen mit den Übeln des heute praktizierten Rassismus, wegen unserer Hautfarbe die entsetzlichsten Entbehrungen und Demütigungen erlebten. Kein Schwarzer, welchen Standes auch immer, und jeder auf seine Weise, hörte je auf, den Sieg der Anständigkeit und damit eine Hoffnung für die Zukunft anzustreben.

Wir alle taten, was wir konnten, und trafen Entscheidungen zu Zeiten, da es wenig Alternativen und fast keine (politische, wirtschaftliche und sonstige) Mobilität gab. Ich sehe ein, daß man mich persönlich nach meinen Entscheidungen beurteilen wird, und bin bereit, sie zu verteidigen. Gott weiß, wir gaben uns Mühe. Wir wandelten auf einigen sehr einsamen Wegen, und nun besteht endlich die reale Aussicht, daß unsere Träume sich noch zu unseren Lebzeiten in erheblichem Maße verwirklichen werden.

Es hat keinen Sinn, über Nacht ein Utopia zu erwarten, doch der schwarze Befreiungskampf hat sich stets darauf gerichtet, gleichberechtigt in den herausgehobenen Bereichen Südafrikas mitzuwirken, um gemeinsam mit anderen den Rassismus auszurotten und die Gleichheit aller vor dem Gesetz und vor einer Verfassung zu sichern, die den Wünschen der Mehrheit entspricht.

Südafrika tritt endlich in die erste Phase der auf dieses Ziel gerichteten Übergangspolitik ein, und nun sind wir alle – mehr als je zuvor – auf einem sehr gefahrvollen Pfad. Die heute getroffenen Entscheidungen werden sich auf künftige Regierungen und Generationen auswirken, und wir nähern uns langsam der Begegnung mit unserem Schicksal, wie immer es gestaltet sein mag.

Einer der Gründe, weshalb ich meine begrenzte Zeit darauf verwendet habe, viele meiner Gedanken in einem einzigen Dokument zusammenzufassen, ist der, daß ich es für wichtig halte, einen positiven Schritt nach dem anderen zu machen, einerseits alles, was in unserer Vergangenheit gut und schlecht war, zu verstehen und zu akzeptieren, und gleichzeitig durch vielfältige Bemühungen eine »multistrategische Methode« zu planen, die das Wohl Südafrikas über alles stellt.

Dies ist ein Appell, uns so eng wie nie zusammenzuschließen; Zuversicht und Vertrauen zueinander zu haben; den Prinzipien all unserer Religionen zu gehorchen, denn ich kenne keine, die nicht Liebe, Respekt und Versöhnung unter der ganzen Menschheit fordert. Ich möchte betonen, daß Gott, wie ich glaube, Südafrika nicht den Rücken gekehrt hat und mit uns allen ist.

Jeder Südafrikaner muß überzeugt sein, daß es auf ihn ankommt, daß er eine Rolle für die Wandlung dieses Landes zum Besseren zu spielen hat. Wir benötigen nun eine multirassische Lösung für ein multirassisches Problem. Es sollte sich nicht um eine Frage von Schwarz und Weiß handeln (obwohl dies im Moment bedauerlicherweise der Fall ist), sondern wir sollten einsehen, daß wir einen Punkt in unserer Geschichte erreicht haben, da es Zeit für einen tiefgreifenden Wandel ist.

Es ist von vitaler Bedeutung, daß die zwischen uns geschaffenen Abgründe für immer zugeschüttet werden, daß

Schwarze und Weiße zusammenkommen und das Recht und die Pflicht *aller* anerkennen, an unserem neuen Anfang mitzuwirken und dann in gleichem Maße am Aufbau unserer Zukunft teilzunehmen.

Wir brauchen unbedingt Diskussion, Dialog und Mitgefühl. Es wird keine rasche Lösung geben, denn sie könnte nicht dauerhaft sein. Wir müssen langfristige Positionen und Strategien entwickeln, die hier erfolgreich sein und einen nationalen Willen zum Erfolg hervorbringen können. Niemand, weder ich selbst noch die Inkatha – die Organisation, die ich vertrete –, sollte eine übergeordnete Rolle spielen. Dafür ist das Risiko zu hoch.

Die Hindernisse sind gewaltig. Es wird schwer werden. Unsere Jugend ist in ihrer Mehrheit zornig und ungeduldig; sie will Freiheit, und zwar sofort. Wer kann es ihr zum Vorwurf machen? Es ist tragisch, daß viele den Zorn und die Ungeduld der vorhergehenden Generationen nie verstehen werden, sondern allzu häufig bereit sind, die Opfer, die vorbildliche Geduld und die Umstände zu schmälern, unter denen Entscheidungen getroffen wurden.

Ich werde sehr viel über Zorn und Furcht schreiben, denn dies ist das Vermächtnis, das die Apartheid uns hinterlassen hat.

Auch ich war ein zorniger junger Mann, und bis heute bin ich zornig über das, was meine Familie und ich erleiden mußten, und über den schrecklichen Schmerz, dessen Zeugen wir wurden. Ich mußte lernen, den Zorn in eine positive Richtung zu lenken und diese Fähigkeit anderen zu vermitteln.

Wir haben erlebt, wie ein einst wohlhabendes und geachtetes Land in die Nähe des Bankrotts getrieben und wie seinem Namen der Stempel internationaler Verachtung aufgedrückt wurde. Was das schlimmste ist, wir haben erlebt, wie Menschen getötet und Familien auseinandergerissen wurden – nicht nur durch die Aktionen der Regierung, sondern auch durch den unbändigen Willen derjenigen, die sich der Apartheid mit allen Mitteln widersetzten.

Es war ein einzigartiger Bürgerkrieg, in dem schwarze wie weiße Familien und Gemeinschaften von bitterer Gegnerschaft getrennt wurden. Wir alle haben unsere Toten begraben und mit unserem Kummer gelebt, aber auch mit unseren Vorurteilen.

Es gibt keinen Südafrikaner, der nicht auf irgendeine Weise von der Apartheid betroffen worden wäre, doch die schwarze Mehrheit wurde über alle Maßen von ihr gedemütigt. Nun beschimpfen wir einander, töten einander, und gleichzeitig wächst die mannigfaltige Zahl oft wohlmeinender Aktivisten gegen die Apartheid, die im nationalen und internationalen Rahmen geschickt Position bezogen haben. Aber in Wirklichkeit haben sie die Spannungen weiter verschärft, statt die schwarze und weiße Opposition gegen alles, was hassenswert und unrecht ist, zu festigen.

Viele Kräfte und zahlreiche Programme sind im Einsatz, und doch habe ich keinen Zweifel, daß die große Mehrheit der schwarzen Südafrikaner, was wie ein Wunder anmuten mag, die Versöhnung durch Verhandlungen immer noch als höchste Priorität des Landes betrachtet. Nun deutet einiges darauf hin, daß eine zunehmende Zahl weißer Südafrikaner das gleiche will.

Die Revolutionäre im Ausland, von denen viele seit mehr als fünfundzwanzig Jahren einen erfolglosen bewaffneten Kampf geführt haben, sind ebenfalls zornig und ungeduldig. Ihr Traum, als Regierung aus dem Exil zurückzukehren, verblaßt langsam, aber sicher, während nationale Erfordernisse innerhalb des Landes anerkannt werden. Ihre Rolle wird von dem abhängen, was sie Südafrika nach der Apartheid an konstruktiven Vorschlägen zu bieten haben. Man wird ihre Zukunftsszenarien zusammen mit all den anderen politischen Möglichkeiten prüfen, die eines Tages auf dem Verhandlungstisch liegen werden.

Die Zeit ist reif dafür, daß die Demokratie in den Mittelpunkt der politischen Bühne rückt. Aber wir laufen das Risiko, daß das Land irregeleiteten Strategien oder brutalen Manövern zum Opfer fällt. Niemand kann die Zukunft vorhersagen, ich schon gar nicht. Unser Schicksal ist ungewiß, während das Drängen nach einem Wandel zunimmt und das Land vor unterschiedlichen sozialen, politischen und wirtschaftlichen Möglichkeiten steht. Letzten Endes wird das Volk entscheiden, und ich habe großes Vertrauen zu dem Volk Südafrikas.

Weiße und schwarze Extremisten werden ins Abseits gedrängt, wie es ihnen gebührt – und kann es ein besseres Zeichen geben?

Ich empfinde Ehrfurcht vor den Männern, Frauen und Kindern des schwarzen Südafrika, die die Barrieren der Apartheid Zug um Zug, von Entschlossenheit und Notwendigkeit getrieben, niedergebrochen haben. Der künftige Sieg wird ihnen zugeschrieben werden, und dies verdientermaßen, denn zumeist haben sie ihre Ziele mit Würde und ohne die entsetzliche (von manchen befürwortete) Gewalt erreicht, die das Land unwiederbringlich entzweit hätte.

Sie sollten *allen* Menschen Südafrikas als Inspiration dienen, und sie sind ein internationales Beispiel dafür, wie die Ärmsten der Armen Ungerechtigkeit überwinden können, ohne sich in defätistischer Verzweiflung und Zerstörung zu ergehen.

Die Urheber der Apartheid und ihre Nachfolger und Anhänger sind dem Scheitern nahe. Man kann den faulenden Kadaver dieser schändlichen und bösen Gesetzgebung im ganzen Lande riechen, von Kapstadt bis nach Pretoria, von Boksburg bis nach Carletonville.

Nun müssen wir uns mit unserer Vergangenheit abfinden und Vorbereitungen für die Zukunft treffen, ohne zu vergessen, daß zwar viele dem Angriff der Apartheid auf ihre Seele widerstanden haben, andere jedoch von schweren Verletzungen gezeichnet sind.

Ich glaube, daß das politische Denken früherer Generationen schwarzer (und weißer) Aktivisten ein Element der Vergebung und des Kompromisses enthielt, das den heutigen jungen Radikalen immer fremder wird. Einige haben diese wertvollen menschlichen Eigenschaften bereits verloren.

Bei der Darlegung meiner Gedanken und Gefühle rückte das Thema der Einheit der Nation immer wieder in den Vordergrund. Deshalb habe ich weitgehend und bewußt auf den Versuch verzichtet, Individuen und Organisationen ins Unrecht zu setzen, die sich aus diesem oder jenem Grunde zu meinen Gegnern erklärt haben; auch gehe ich nicht auf das Für und Wider unserer einstigen unglücklichen Beziehungen ein. Ich mußte verschiedene Bemerkungen über manche meiner Gegner machen, aber ich habe mich bemüht zu betonen, daß niemand von seinem Anteil an der Urheberschaft eines neuen Südafrika ausgeschlossen werden sollte. Wenn man mich deshalb kritisieren will, dann kann ich es nicht ändern. Die Zeit ist gekommen, unsere Meinungsverschiedenheiten zu begraben, und ich möchte nicht, daß dieses Buch wieder einmal den Anstoß zu bitteren Vorwürfen und der Vergeltung dienenden, wenig konstruktiven Streitigkeiten gibt.

Es genügt, wenn ich sage, daß der menschliche Charakter seit Urzeiten mit Meinungsvielfalt und dem Recht aller Männer und Frauen zu tun hat, sich frei zu äußern. Südafrika hat es nötig, daß alle Stimmen gehört werden, und mein Standpunkt ist ein Teil dieses Ganzen.

Wenn ich ein besonderes Gebet aussprechen darf, dann richtet es sich darauf, daß der einst verehrte Geist des afrikanischen Humanismus – Ubuntu/Botho – überall auf diesem Kontinent eine Wiedergeburt erlebt, damit es zwischen allen zu wahrer Versöhnung kommt und damit wir lernen, mit Inbrunst zu lieben und zu teilen, doch auch mit Intelligenz und Demut gleicher oder entgegengesetzter Meinung zu sein. Es hat zuviel Haß, zuviel Mißtrauen, zuviel Verrat gegeben. Dies hat uns alle vergiftet, und es ist Zeit, in die Zukunft zu schauen.

1. Der gewaltlose Befreiungskampf in Südafrika

> Da Kriege im Geist der Menschen beginnen,
> muß die Verteidigung des Friedens
> im Geist der Menschen errichtet werden.
>
> *UNESCO Satzung*

Dieses Zitat fiel mir ein, als ich überlegte, wo ich beginnen sollte, die vielfachen, auf einen Wandel in Südafrika gerichteten Bemühungen und die Hindernisse zu beschreiben. Dies ist das Buch eines schwarzen Südafrikaners hauptsächlich über schwarze Einstellungen, wie ich sie sehe; deshalb ist es meine erste Aufgabe, meinen südafrikanischen Mitbürgern Anerkennung und Lob zu zollen, denn sie haben bewiesen, daß sie mehr als fähig sind, zum Aufbau einer lohnenden Zukunft beizutragen. Ihr Engagement für grundlegende demokratische Prinzipien war zumeist unerschütterlich.

Diese Aussage mag widersprüchlich erscheinen, wenn ich die Rolle der für Gewalt eintretenden Revolutionäre in unserer Mitte beschreibe, doch dies sind Menschen, die den Erwartungen der großen Mehrheit von Südafrikanern eindeutig nicht gerecht werden. Ihre Anschauungen stehen auch im Gegensatz zu den Schlußfolgerungen der Gründerväter des African National Congress (ANC), welche die Organisation im Jahre 1912 gründeten, um sich mit Hilfe von Gewaltlosigkeit und Verhandlungen gegen Rassismus und Rassentrennung zu wenden.

Auch die Opfer und überragenden Anstrengungen vieler weißer Südafrikaner und vieler Ausländer dürfen nicht vergessen werden; sie sind keine geringeren Gegner der Apartheid als wir, und ihre Träume sind unsere Träume. Wenn das letzte Kapitel im Befreiungskampf dieses Landes als Ganzen geschrieben wird, müssen sie an unserem Triumph teilhaben. Ihre Leistung ist so unschätzbar, daß sie es verdient, zum Thema eines eigenen Buches zu werden, denn ich kann ihre gewaltige Rolle hier nicht angemessen würdigen. Aber ich muß festhalten, daß man ihre Arbeit in jeder Untersuchung des Kampfes gegen Rassismus, Rassentrennung und Apartheid anzuerkennen hat.

Meine These lautet, daß die Mehrheit der schwarzen Südafrikaner *stets* einen Erfolg über den Rassismus angestrebt hat, der vor allem ein umfassender, beispielloser und würdiger Sieg über die schlimmsten Auswüchse des Kolonialismus sein wird. Das Wort »Würde« hat in der afrikanischen Terminologie einen sehr speziellen Beiklang, und ich benutze es häufig, weil es uns soviel bedeutet. In diesem Sinne kommt Würde am besten in dem Ideal des Ubuntu/Botho zum Ausdruck. Gemeint ist Humanismus in seiner globalen Bedeutung.

Die zentralen Werte des schwarzen Befreiungskampfes in Südafrika sind sehr tief verwurzelt; man kann sie zu den großen Persönlichkeiten unter den Gründern des ANC zurückverfolgen, der in den sechziger Jahren von der Regierung verboten wurde. Diese Männer waren echte Südafrikaner, die von einer multirassischen Demokratie träumten und mit gewaltlosen Taktiken und Strategien auf ein solches System, beruhend auf dem Prinzip »One man, one vote«, hinarbeiteten. Überall im Lande gibt es zahllose Personen und Organisationen, die sich entschlossen für die Verwirklichung dieser Ideale einsetzen, und ich bin eine dieser Personen. Die nationale Befreiungsorganisation Inkatha, deren Präsident ich bin, vertritt die gleichen Ideale. Deshalb habe ich immer wieder erklärt, daß die Inkatha, die ich 1975 gründete, an den Zielen der ANC-Gründerväter von 1912 orientiert ist.

Manche behaupten nun, daß die demokratische Opposition gegen die Apartheid gescheitert sei. Demokratie kann nicht scheitern. Nur wer die Demokratie aufgibt, kann scheitern. Demokratie, wie sie sich im Laufe der Menschheitsgeschichte herausgebildet hat, ist nie mit einem Schlag realisiert worden. Es ist stets ein langsamer Prozeß gewesen.

Für uns in diesem Land gibt es keine Aussicht auf eine dauerhafte Demokratie, wenn es sich nicht um ein multirassisches Vielparteiensystem handelt. Ein Einparteienstaat in Südafrika wäre ein Rezept für eine stetige Abfolge von Revolutionen und Konterrevolutionen.

Nirgends in ganz Afrika gibt es ein Land, in dem es so dringlich ist wie heute in unserem, den politischen Hoffnungen jeder Rassengruppe innerhalb eines versöhnlichen politischen Systems entgegenzukommen. Versöhnung wird für das Herz und den Geist aller Südafrikaner die wahre Botschaft des Friedens und der Sicherheit verkörpern. Generationen von Schwarzen überall im Lande, obwohl Opfer zahlreicher rassistischer Sünden und revolutionären Übereifers, haben bereits als erste den Ölzweig ausgestreckt, um ein neues, ungeteiltes Südafrika aufzubauen.

Wenn ich gewöhnlichen schwarzen Südafrikanern im täglichen Leben, bei der Arbeit und in ihren Wohnungen begegne, fällt mir immer wieder die Würde ihres Verhaltens auf, und deshalb meine ich, daß unser Sieg würdevoll sein kann. Ich weiß, daß manche von uns Zorn und Haß im Herzen und Vergeltung auf den Lippen haben, aber ich rede von den schwarzen Massen, wie ich sie kenne, die, oftmals unter den erbärmlichsten Bedingungen, gelernt haben, mit einem Lächeln und mit einer Fürsorge für andere zu leben, die mich mit Stolz erfüllt.

Die außergewöhnliche Menschlichkeit der schwarzen Südafrikaner wird, wie ich aufrichtig glaube, der Welt zeigen, daß Schwarze und Weiße ungeachtet aller Probleme zusammen leben und eine gemeinsame Zukunft bauen können. Dies wird jene Weißen, denen die Geschichte und die Umstände ein falsches Überlegenheitsgefühl vermittelt haben, dazu bringen, die Bedeutung von Liebe und Respekt für alle Mitmenschen zu begreifen.

Dies ist kein Hirngespinst. Ich weiß, daß es nicht über Nacht geschehen wird, aber es wird geschehen, und nichts anderes zählt. Meine Lebenserfahrung lehrt mich, menschlichen Fehlern gegenüber nicht naiv zu sein, aber als Christ werde ich stets glauben, daß Gottes Botschaft der Versöhnung verwirklicht werden kann. Und ich halte es nicht einen Moment lang für möglich, daß Gott tot ist.

Ich erkläre Theologen und anderen meiner Besucher oft, daß meiner Ansicht nach nicht jeder Mensch in Südafrika die Fähigkeit zu christlicher Liebe verloren haben kann. Dieses Land wird nicht von Gott in dem Maße bestraft werden müssen, daß Er uns den Rücken kehrt und es uns überläßt, einander umzubringen. Ich glaube, daß Er Versöhnung fordert. Schließlich findet Versöhnung nicht nur zwischen Menschen, sondern auch zwischen Gott und den Menschen statt.

Sogar bei politischer Gleichberechtigung, die wir erreichen werden, wird sich die Gesamtsituation nicht verbessern, bevor die Schlacht gegen Armut, Bildungsmängel und Krankheit endgültig gewonnen ist. Gleichheit der Bemühungen kann, wie ich immer unterstrichen habe, zu Gleichheit des Lohns führen.

Gegenwärtig findet eine politische Schlacht um Herz und Geist der Bürger statt, und ein vieldimensionaler Krieg ist seit langer Zeit im Gange, doch trotzdem scheint mir, daß gewöhnliche Schwarze bei allen Aufwallungen die Vorrangigkeit friedlicher, konstruktiver Haltungen und Aktionen begreifen. Warum sonst hätten Millionen schwarzer Südafrikaner soviel hingenommen und überwiegend unterschiedslose und organisierte Gewalt gegen ihre Unterdrücker – sowie innerhalb ihrer eigenen Reihen – zurückgewiesen?

Der *wahre* schwarze Befreiungskampf gründet sich auf Gewaltlosigkeit und Verhandlungen. Deshalb ist es angemessen, dieses Buch mit dem zu beginnen, was die Mehrheit der Südafrikaner bewegt: Sie wissen, daß sie, so ungerecht und böse die Apartheid auch sein mag, vor allem nach etwas Wertvollem, etwas Anständigem streben müssen, das von der Geschichte selbst als höchstes menschliches Gut anerkannt werden wird.

Die Mehrheit der schwarzen Südafrikaner hat im Laufe der Jahrzehnte instinktiv versucht, das, was ihr im Lande ihrer Geburt rechtmäßig gehört, durch demokratische Prozesse zu erlangen. Diese Menschen haben sich an die Gerichte gewandt; sie haben sich friedlich organisiert und wurden dann auseinandergerissen; ihre Führer wurden ohne gesetzliche Handhabe inhaftiert und festgehalten; sie haben Petitionen geschrieben und gebetet; sie sind marschiert und erschossen worden – dies alles und mehr.

Als die weiße Unterdrückung unüberwindlich schien, breitete sich ein Terror anderer Art aus, und dafür gibt es historische Gründe. Kurz gesagt, vor mehr als zwei Jahrzehnten wiesen einige von uns im Exil gewaltlose Taktiken und Strategien zurück, leiteten aus dem Ausland, mit erheblicher Unterstützung von verschiedenen Seiten, einen erfolglosen »bewaffneten Kampf« ein, und versuchten, einen »Volkskrieg« innerhalb des Landes zu entfesseln. Ich habe immer wieder mein Verständnis dafür bekundet, daß einige Schwarze desillusioniert worden sind und den Mut verloren haben. Ich sehe ein, daß sie nicht mehr fähig waren, die Apartheid zu ertragen, und daß sie Dinge von großem Wert aufgegeben haben. Doch die Konsequenzen ihrer Enttäuschung sind katastrophal, was Schmerz und Leid, schwarze Einheit und multirassische Versöhnung betrifft.

Ich meine nicht, daß die Befürwortung von Gewalt durch gewisse Gruppen im Exil notwendigerweise die Ansicht aller im Exil Lebenden wiedergibt. Sie sind in sehr hohem Maße zu Opfern ihrer Isolation geworden, zumindest vorläufig ausmanövriert von den Vertretern gewisser Länder und politischer Organisationen und Ideologien, die Südafrika zu einem Einparteienstaat mit kommunistischen/marxistischen/sozialistischen Prinzipien machen wollen.

Viele, die nun im Exil führende Stellungen innehaben, waren, wie ich von früher weiß, keine Kommunisten. Sie waren schwarze südafrikanische Nationalisten. Dieser Zwiespalt in ihren eigenen Reihen muß noch von ihnen untersucht und gelöst werden; dabei werden Zusammenhalt und finanzielle Unterstützung wichtige Faktoren sein. Doch während unsere Befreiung innerhalb des Landes auf friedliche und demokratische Weise, wie von uns angestrebt, näherrückt, gibt es jeden Grund zu der Annahme, daß die im Ausland Kämpfenden in nicht sehr ferner Zukunft mit ernsten Traumata rechnen müssen. Dies ist in mancher Hinsicht dafür verantwortlich, daß sich der politische Kampf in Südafrika (und im internationalen Rahmen) ganz erheblich verlagert hat und nun auf die Frage abzielt, welchen Gesellschaftstyp wir nach der Apartheid – nun, da dieses schlimme System seinen Atem aushaucht – haben werden.

Es gibt eine breite Kräfteverteilung zwischen denen, die sich eine Vielparteiendemokratie mit freiem Unternehmertum in einem Einheitsstaat föderativen Typs wünschen, und denen, die entschlossen sind, einen zentralistischen Einheitsstaat sozialistischen Typs zu schaffen. Daneben gibt es andere Minderheitsinteressen sowie hauptsächlich rassische und sektiererische Möglichkeiten.

Wir beginnen nun also einen Kampf neuer Art, doch die Kräfte der Finsternis, des eisernen ideologischen Willens und der ideologischen Entschlossenheit, bestehen weiter. Manche wollen sich nicht auf Kompromisse einlassen, aber in der Realität sind Kompromisse letzten Endes nicht zu umgehen, und alle werden sie schließen müssen.

Diejenigen, die zu Gewehren, Haftminen und Bomben gegriffen haben, lassen gegenwärtig kein Zeichen eines Sinneswandels erkennen. Schwarze und Weiße werden weiterhin in Stadtzentren, Supermärkten, Restaurants, an Bushaltestellen und auf Landwegen entsetzlich verstümmelt oder in Stücke gerissen, und dies offenbar im Namen einer Minderheit, die glaubt, Südafrika »unregierbar« machen und sich auf die »Machtübernahme« vorbereiten zu können, indem sie Chaos schafft (sie selbst benutzt diese Begriffe in ihrer Propaganda). Von der Polizei herausgegebene und in der Presse abgedruckte Statistiken zeigen ein zehnfaches Anwachsen von Überfällen auf Staats- und Zivilziele im Laufe der letzten vier Jahre bis Mitte 1989 (*Citizen*, 2. Mai 1989).

Daneben und ganz separat von der staatlichen Gewalt, mit der der Status quo aufrechterhalten werden soll, existiert innerhalb Südafrikas auch ein rechter weißer Terrorismus; seine Vertreter unterstützen verschiedene fanatische Minderheiten von Möchtegerndemagogen, die eine andere Art tödlicher Macht anstreben. Sie repräsentieren sekundäre Gefahren für unsere langfristige Sicherheit, und ihr Faschismus kann und sollte nun und von einer künftigen demokratischen Regierung gesetzlich verboten werden.

Unschuldigen Gemeinschaften in ganz Südafrika sind politische Manipulation, Fraktionsdenken und Fanatismus aufgezwungen worden, so daß die Freiheit der politischen Wahl für viele eine Frage von Leben und Tod darstellt. Schwarze sterben, Weiße werden ermordet, und dies unter barbarischen und unerträglichen Umständen. Der Einsatz ist nun sehr hoch, da echte Verhandlungen zwischen Schwarzen und Weißen greifbar nahe sind. Die weiße Macht ist erheblich zersplittert, und demokratische politische Einigung ist zu einem wirtschaftlichen und sozialen Gebot geworden.

Eine Rückkehr zur klassischen Apartheid, wie sie von Verwoerd institutionalisiert wurde, ist für immer unmöglich geworden, und nun deutet endlich alles darauf hin, daß in der ganzen Nation die Zahl der Individuen und Vereinigungen zunimmt, die zu einer neuen Bewegung zusammengefaßt werden können, um das südafrikanische Problem mit gewaltlosen Mitteln zu lösen.

Letztlich wird die politische Macht jenen zufallen, die sich aufrichtig für die Bedürfnisse der Schwarzen einsetzen, denn Südafrika ist ein einziges Land mit schwarzer Mehrheit; es ist kein Land von Minderheiten. Politische Macht muß sich mit der Geschichte, nicht gegen sie weiterentwikkeln und den Bedürfnissen der Mehrheit gerecht werden, jedoch so, daß *alle,* unabhängig von Rasse, Religion oder anderen Faktoren, ihre Nutznießer sind.

Die Radikalen stehen genau deshalb unter Druck, weil sie ganz richtig wahrnehmen, daß sie im Laufe des kommenden Wandels vielleicht nicht unter den Hauptakteuren sein werden. Die Geschichte des ganzen südlichen Afrika wendet sich nun dahin, daß die Bedeutung gewaltloser Machtpositionen in den Vordergrund tritt. Es ist die Politik der Verhandlung, die sich schließlich durchsetzen wird, und in meinen Diskussionen mit verschiedenen Führungspersönlichkeiten der westlichen Welt habe ich festgestellt, daß alle in diesem Punkt völlig mit mir übereinstimmen.

Wo immer Revolutionäre auf der Welt aktiv sind, geht es ihnen darum, revolutionäre Regierungen zu errichten. Revolutionäre werden von nichtrevolutionären Kräften nicht begünstigt; sie machen die Revolution nicht, damit andere Kräfte Regierungen gründen können. Es gibt Revolutionäre in Südafrika und im Exil, die sich nun bedroht fühlen, weil die Aussichten eines Friedens durch gewaltlose Mittel wachsen. Sie wollen keinen Verhandlungssieg. Sie wollen siegen, um ihre eigene revolutionäre Regierung zu etablieren und um de facto und de jure als Herrscher des Landes aus dem Exil zurückkehren zu können.

In dem Prozeß, der letztlich zum Wandel führen wird, muß die Minderheit, die sich einer durch gewaltlose Mittel erzielten Vielparteiendemokratie widersetzt, ausgeschaltet werden, damit sie sich am Ende selbst um Frieden bemühen muß. Es wird in Südafrika keine Revolution geben, und die Macht wird nicht »vom Volk ergriffen werden«. Keine Organisation wird aus dem Ausland als »Exilregierung« zurückkehren. Dies steht völlig außer Zweifel. Über die Macht wird von denen verhandelt werden, die einen echten Rückhalt besitzen, das heißt über realistische, klar umrissene politische, soziale und wirtschaftliche Positionen verfügen, die der Mehrheit der Südafrikaner einleuchten.

Deshalb möchte ich alle, die im Exil leben, zur Heimkehr auffordern, damit sie an diesem politischen Prozeß teilnehmen und nicht versuchen, ihn zu untergraben. Auch ihre Stimme wird benötigt. Ein neues Südafrika wird sich aus einem Prozeß herausbilden, an dem unterschiedliche Gruppen mitgewirkt haben. Ich möchte, daß meine Brüder und Schwestern im Exil daran teilnehmen.

Die Verhandlungen werden von denen geführt werden, die eine nachweisliche Anhängerschaft besitzen, diese konsolidiert haben und deren Programme an der Basis, überall im Lande, akzeptiert worden sind. Es ist nur eine Frage der Zeit. Wir müssen einsehen, daß es keine Verfassungskonferenz nach Art der im Londoner Lancaster House durchgeführten (im Falle Simbabwes) geben wird, um die südafrikanische Situation zu klären; es wird keine plötzlichen Schritte in Richtung einer neuen Verfassung geben, sondern nur einen Prozeß, in dessen Verlauf man sporadische Erfolge erzielt, während die politischen Notwendigkeiten immer mehr Südafrikaner in dasselbe Lager zwingen.

Die südafrikanische Regierung ist nie schwächer als heute gewesen, wenn man ihre Fähigkeit, die Apartheid aufrechtzuerhalten, als Maßstab ansetzt. Wir alle wissen, daß es völlig unmöglich ist, die Apartheid aufrechtzuerhalten. Sie muß zerstört werden, und sie wird ausgerottet werden.

Das schwarze Südafrika hat den Marsch angetreten, und nichts kann ihm Einhalt gebieten. Wir wollen das, was uns rechtmäßig zusteht, und die südafrikanische Regierung kann nichts unternehmen, um uns daran zu hindern.

Historisch gesehen gibt es heute weniger Gründe denn je, die Probleme des Landes mit Gewalt lösen zu wollen. Alle, die im Exil an demokratische Prozesse glauben, sollten nun die Waffen niederlegen und an unserer Seite sein, wenn der endgültige, tödliche Schlag gegen die Apartheid geführt wird. Ein unmißverständlicher Gewaltverzicht würde ihre Rückkehr ermöglichen, wir würden sie mit offenen Armen und vorurteilslos begrüßen. Ich kann mir kein

Land in der freien Welt vorstellen, das nicht beträchtlichen Druck (im Verein mit unseren eigenen Stimmen von innen her) ausüben würde, damit sie zurückkehren, sich hier offen organisieren und sich mit ihren Anhängern beratschlagen dürfen.

Der Kampf ist so lange ein fester Bestandteil unseres Lebens gewesen, und unabhängig davon, ob Individuen oder Organisationen nun und in Zukunft hinsichtlich politischer und sonstiger Taktiken und Strategien differieren, haben wir *alle* ein Recht, dem Volk unsere Standpunkte auf gesetzmäßige Weise darzulegen, damit die Bürger eine freie Entscheidung über ihre Annahme oder Ablehnung treffen können. Alles andere scheint mir undenkbar, und ich würde mich niemals damit einverstanden erklären, daß die Zukunft dieses Landes nur von gewissen Gruppen, unter Ausschluß anderer, festgelegt wird.

Die Realität ist jedoch, daß jene, die im Exil zur Zeit den bewaffneten Kampf unterstützen, sich entscheiden müssen, auf friedliche Weise an dem endgültigen Vorstoß zur Schaffung eines demokratischen Südafrika mitzuwirken, wenn sie sich nicht, wie ich erwähnt habe, ihrerseits gezwungen sehen wollen, um Frieden nachzusuchen. Die Ereignisse werden sie überholen.

Wir sind in eine Periode des Wandels eingetreten, und wir können nun erwarten, daß sich immer mehr Gruppen von ihren früher entschieden verfochtenen Positionen lösen werden. Dies wird Konsequenzen haben, die die Lage nicht unbedingt erleichtern. Während jede einzelne Gruppe der Notwendigkeit entgegensieht, Positionen aufzugeben und neue Standpunkte zu beziehen, wird sie innere Spannungen zu überwinden haben. Gleichwohl gelingt es Organisationen, die von den Vereinten Nationen und anderen zu den »einzigen und authentischen« Vertretern des schwarzen Befreiungskampfes erklärt wurden, immer noch, in einem »politischen Disneyland« zu leben und zu operieren; sie und ihre Stellvertreter werden hauptsächlich von gewissen Kirchenführern, verschiedenen Universitätslehrern, politischen Persönlichkeiten und Teilen der Medien im In- und Ausland unterstützt. Sie versuchen, den Eindruck zu erwecken, daß sie letztlich die Richtlinien für eine zukünftige Regierung bestimmen, daß sie den Wandel lenken werden.

Wirklicher Wandel kann nur von Südafrika selbst und von der umfassenden Willensäußerung des Volkes ausgehen, gleichgültig, welchen Führern und Organisationen es folgt. Das Volk ist die einzige und authentische Stimme der Befreiung in diesem Land. Die Südafrikaner, hier in der Heimat, müssen die Zukunft schaffen.

Ich werde stets einen »von der Basis ausgehenden« Ansatz befürworten, was Verfassungsangelegenheiten sowie gegen die Apartheid gerichtete Taktiken und Strategien betrifft. Eine »von der Spitze ausgehende« Methode, durch die eine dominierende Clique im Namen des Volkes über Verfassungsreformen und Antiapartheidmaßnahmen entscheidet, ist offenkundig undemokratisch. Manche Organisationen und ihre Stellvertreter mißachten diese Realitäten und verfolgen einen Kurs, der von den Massen abgelehnt worden ist. Sanktionen und Desinvestion sind ein typisches Beispiel einer derartig gescheiterten Taktik. Einige haben bewußt, andere unbewußt (um es neutral zu formulieren) an der Schaffung einer fanatischen Atmosphäre mitgewirkt, in der von den Schwarzen bedingungsloser Gehorsam erwartet wurde. Wer dazu nicht bereit war, wurde durch extremistische Kräfte »eliminiert« oder mußte sich auf Mordversuche und bittere politische Ächtung sowie schärfste Medienkritik gefaßt machen. Zu diesen Menschen gehöre auch ich. Haben sie keine demokratische Alternative verdient? Habe ich keine Alternative verdient?

Alle Seiten sind in den Konflikt verwickelt worden, der sich aus dieser Unduldsamkeit jeder Opposition gegenüber und aus dem Streben nach uneingeschränkter Macht ergibt. Die Maßnahmen und Gegenmaßnahmen sind von solcher Art, daß niemand behaupten kann, seine Organisation sei schuldlos an dem allgemeinen Gemetzel. Was als klassische

Kampagne begann, um die politische Loyalität und die Sehnsucht der Bevölkerung nach Freiheit für sich zu gewinnen, hat einen entsetzlichen Fehlschlag erlitten.

Wenn die Revolutionäre sich nicht dem Bemühen zuwenden, die demokratische Opposition gegen die Apartheid zu stärken, werden sie in eine Spirale der Gewalt geraten, aus der weder sie noch ihre Gegner siegreich hervorgehen können. Ich weigere mich, den Weg der Gewalt zu betreten, da er in die Niederlage führt. Dort sind keine Siege zu erringen, wie sie unsere Helden und Märtyrer im schwarzen südafrikanischen Befreiungskampf erträumten.

Politische und andere Einschüchterung grassiert. Familien leben in endloser Furcht, und während manche den Gleichmut von Heiligen beweisen, setzen sich andere energisch für ihr Recht auf Selbstverteidigung und politische Entscheidungsfreiheit ein – oder sie ergreifen schlimmere Maßnahmen. Viele junge Männer, Frauen und, noch tragischer, Kinder sind auf die Schlachtfelder blinder Vergeltung getrieben worden, in einer Art Bandenkrieg, der nur aus Armut, Bildungsmangel und Entbehrung entstehen kann. Unsere Gesellschaft hat das Problem, wie diese Menschen zu betreuen sind, bisher nicht gelöst; viele sind von ihren Familien und Gemeinschaften isoliert und zweifellos psychisch stark geschädigt.

Ich habe nun dargelegt, daß Schwarze von Schwarzen, Schwarze von Weißen und Weiße von Schwarzen getötet werden, aber es gilt zu betonen, daß dies keine *Massenerscheinung* ist. Fernseh- und Presseberichte mögen das Bild eines Landes zeichnen, das vor aufgestauter Spannung zu explodieren droht, doch davon kann keine Rede sein.

Die Regierung der Nationalen Partei hat den Ausnahmezustand erklären müssen, doch das Streben nach Wandel bleibt davon unbeeinträchtigt, denn das Land erfüllt seine Funktionen und der Staat ist intakt.

An die weiße Reaktion auf diese recht geringfügige Bedrohung der Sicherheit (schließlich verfügt die südafrikanische Regierung weiterhin über die stärkste Militärmacht des Kontinents) hat sich eine schwarze Reaktion angeschlossen. Aber in den schwarzen Gemeinschaften und den verantwortungsbewußteren schwarzen Presseorganen wird deutlich gemacht, daß anarchistisches Verhalten abgelehnt werden muß.

Im Lauf der Geschichte verkörpern die Revolutionäre nur eine Methode zur Bekämpfung der Apartheid, denn sie hat auch andere, wichtigere Methoden hervorgebracht. Die Schwarzen sind von jeder Tyrannei angewidert, nicht nur von seiten der Weißen, sondern auch von seiten ihrer eigenen Brüder. Diese tyrannischen Methoden sind unafrikanisch, und die Wortgewaltigeren in betroffenen Gebieten haben endlich den Mut gefunden, ihrem Abscheu Ausdruck zu geben. Die Kraft der Worte und die überzeugende Botschaft, daß man diese dem schwarzen Stolz und der schwarzen Würde angetane Schande nicht mehr dulden wird, haben in manchen Fällen das Ihre getan. Ich begrüße eine solche Entwicklung.

Andere Konflikte müssen noch beigelegt werden, doch dies wird mit Gottes Hilfe gelingen, denn gewöhnliche schwarze Südafrikaner haben, wie oben aufgeführt, durch individuelle und massenhafte Aktionen immer wieder bewiesen, daß sie ein Verhalten und ein Vorgehen ablehnen, von denen ihre eigene Würde und die Würde anderer geschmälert werden müßten.

Revolutionäre und sonstige Personen, die versuchen, die evolutionäre und gewaltlose Demokratisierung dieses Landes zu durchkreuzen, sind ein Phänomen, mit dem wir im Laufe der Zeit nach besten Kräften fertigwerden müssen. Aber die Apartheid ist das wirkliche Problem; sie ist die Wurzel allen Übels, und wir werden noch lange Jahre mit ihren Nachwirkungen zu tun haben.

Wie Schwarze im allgemeinen der Apartheid gegenübergetreten sind, ist eine ganz andere Sache. Sie haben zumeist persönliche, erfolgsorientierte Taktiken angewandt und ihre Ziele und Hoffnungen mit unerschütterlicher Entschlossenheit zu verwirklichen gesucht. Ich meine die Art und Weise, wie Schwarze unbemerkt in vormals weiße soziale und wirtschaftliche Bereiche vorgedrungen sind und sich dort auf Dauer festgesetzt haben. Nicht die Großzügigkeit weißer Gesetzgeber hat zu legislativen Änderungen geführt, sondern die Tatsache, daß die Schwarzen eine Situation geschaffen hatten, in der die Gesetze nicht mehr angewandt werden konnten. Arbeitseinschränkungen, Paßgesetze, Zuzugskontrolle, getrennte Dienstleistungen in einigen Gebieten sowie das Gesetz über Mischehen sind klassische Beispiele. Es kann nur eine Frage der Zeit sein, bis man auch andere verhaßte und hemmende Gesetze aufhebt.

In einer Art stillen Revolution marschieren die Schwarzen Südafrikas unbeirrbar ihrem Schicksal entgegen, und sie sind entschlossen, jede ihnen aufgezwungene Erniedrigung und Unmenschlichkeit zu überleben. Unterwegs sind Schläge ausgeteilt, Konflikte gewonnen und verloren und Tote ehrenhaft oder unehrenhaft begraben worden. Es hat Augenblicke in dieser Periode gegeben, da alle Schwarzen, wie ich beschrieben habe, von den Ausschreitungen beschämt wurden, die einige vorgeblich im Namen aller begingen.

Der zunehmende internationale Abscheu, was die Apartheid betrifft, hat uns Hoffnung und Inspiration vermittelt, doch leider auch Gräben zwischen uns aufgerissen. Wir brauchten die Verdammung eines widerwärtigen Systems durch den demokratischen Westen, doch für viele, die dabei maßgeblich waren, boten sich in ihren eigenen Ländern Chancen persönlichen und kollektiven politischen Vorteils. Dies hatte die Folge, daß man gegensätzliche Positionen bezog, »Führer« ausrief, selbst wenn diese kaum Anhänger hatten, finanzielle Mittel für partikularistische Interessen bereitstellte und gehässige Propaganda gegen vermeintliche Feinde verbreitete, wodurch gerade den Menschen, denen man helfen wollte, katastrophaler Schaden zugefügt wurde. Dies alles hat die schwarze Einheit untergraben.

Damit soll nicht ausgedrückt werden, daß wir die internationale Verurteilung des Rassismus, begleitet von Unterstützung und politischem Druck, nicht begrüßt und aufrichtig als überaus hilfreich anerkannt hätten. Aber die Tatsache bleibt bestehen, daß die entzweiende Polemik, die manche Politiker, Theologen, einflußreiche Auslandskorrespondenten und andere als Wahrheit proklamierten, dem schwarzen Gemeinwesen geschadet hat, und nur schwarze Südafrikaner werden fähig sein, diese Wunden zu heilen. Die Schlacht für Gerechtigkeit und Gleichheit muß letztlich in unserem Lande von uns geschlagen und gewonnen werden.

Schwarze und weiße Südafrikaner, die unsere Träume teilen, werden die Apartheid der ihr gebührenden Verdammnis überantworten und ein Land aufbauen, in dem der Gleichheit der Chancen und der Entlohnung existiert, unabhängig von Rasse, Farbe oder Religion. Wir sind unbedingt darauf angewiesen, daß die westliche Welt diesen Zielen Beifall spendet, uns ermutigt und nach Kräften unterstützt, ohne jedoch zu verkennen, daß *wir* unsere eigenen Befreier sein und unsere eigenen Führer wählen müssen. Ist es im Grunde nicht ein wenig rassistisch, ein wenig erniedrigend, wenn angenommen wird, daß schwarze und weiße Südafrikaner, die nach Demokratie streben, nicht fähig seien, ihre eigene Befreiung zu organisieren?

Für mich sind die gewöhnlichen Menschen Südafrikas das Salz der Erde. Sie sind es, die Gott nach Seinem eigenen Bilde schuf; in ihnen verkörpert sich die wahre Souveränität Südafrikas. Es sind die gewöhnlichen Männer, Frauen und Kinder, denen die Politiker dienen und an denen sich die politischen Führer ausrichten sollten. Ich habe oft erklärt, daß wir die Weisheit eines friedlichen Zusammenlebens bei den gewöhnlichen Menschen suchen müssen. Es ist das Wohl der gewöhnlichen Menschen, auf das es ankommt, nichts anderes.

In jeder schwarzen Township, auf jedem ländlichen

Gehöft und in jedem Ghetto ist man sich der Realitäten des heutigen Südafrika und der zukünftigen Bedürfnisse bewußt. Schwarze Familien stehen zusammen wie nie zuvor. Ausbildung ist das Gebot der Stunde, obwohl manche törichterweise für »Befreiung von Ausbildung« eintreten und obwohl Schulen und Bücher im Namen »der Sache« verbrannt werden. Welche Sache verurteilt Kinder zu einem Leben des Analphabetismus? Man ist fassungslos bei dem Gedanken, daß diese Parole ernstgenommen und im In- und Ausland als Zeichen einer wirksamen schwarzen Revolte dargestellt wurde.

Kaum schulreifen Kindern wird, in manchen Gebieten bis zum heutigen Tag, eingeredet, daß sie die Regierung stürzen werden. Schulen sind zu Zielscheiben revolutionärer Propaganda geworden, und obwohl dies nirgends auf der Welt etwas Neues ist, haben verschiedene Journalisten und sonstige Medienvertreter ein solches Vergehen als einen entscheidenden Teil des hiesigen Kampfes ausgegeben.

Zum Glück scheinen diejenigen, die ein derartiges an Kindern verübtes Verbrechen befürworten, diese Strategie zurückzunehmen (die Eltern haben sich sehr besorgt geäußert). Dabei haben gerade die Personen, die den »Mut« einer neuen Generation junger Menschen »mit Eisen in der Seele« am lautesten bejubeln, ihre eigenen Kinder sicher in Privatschulen im In- oder Ausland untergebracht. Wie im Falle von Sanktionen sind es diejenigen, die am besten zu leben und zu essen scheinen, welche anderen eine karge Diät und eine kümmerliche Behausung empfehlen!

Jeder Versuch, unsere Kinder zu Anarchisten zu machen, widert mich an, und ich glaube ungeachtet aller realen Mißstände, daß unsere Kinder eine Gabe Gottes sind, die beschützt und gehegt werden muß. Die Organisatoren dieses scheußlichen Verhaltens müssen noch für ihre Verbrechen zur Rechenschaft gezogen werden – weniger in einem gesetzlichen, als in einem moralischen Sinne, denn infolge ihrer Propaganda haben Zehntausende, vielleicht

Millionen, schwarzer Jugendlicher unbewußt die Chance verwirkt (oder werden sie sehr bald verwirken), ein besseres Leben für sich selbst aufzubauen. Die Zeit wird sie überrollen. Schulen liegen in Trümmern, gute Lehrer haben ihren Beruf aufgegeben. Millionen werden arbeitslos sein, denn bereits jetzt gibt es zu wenig Stellen, und zweifellos werden die am schlechtesten Ausgebildeten den letzten Platz in der Schlange einnehmen.

Die Feuer, die diese Verführer in den Herzen unserer Jugend entfacht haben, sind weitgehend gelöscht. Schwarze Südafrikaner füllen triumphierend jede Schule, und sie bringen jede andere erzieherische Institution zum Bersten, denn sie verlangen eine Ausbildung für ihre Kinder. Das ist die Realität.

Wenn ich über den schwarzen Erfolgswillen schreibe, muß ich nachweisen, daß die Schwarzen bereit sind, für die Erziehung ihrer Kinder zu leiden. Genau dies habe ich immer wieder beobachtet, was mir bestätigt, daß das menschliche Streben den Sieg davongetragen hat.

In Südafrika leistet jeder einen Beitrag zur Erziehung seiner Geschwister. Diese gewaltige Uneigennützigkeit der schwarzen Südafrikaner, was den Bereich der Ausbildung angeht, hat meinen tiefen Glauben an die Menschen stets verstärkt. Und weil die Ausbildung im schwarzen Südafrika eine so fundamentale Rolle spielt und das Engagement so stark ist, bin ich immer wieder entsetzt, wenn parteipolitische Lohnschreiber und Amateure des menschlichen Anstandes die hiesige Ausbildung in den Schmutz ziehen. Ich erkläre Eltern, Lehrern und Schulräten, daß ich wütend bin, wenn jemand ein Schulgelände, wie bescheiden es auch sein mag, ohne Ehrfurcht betritt. Erziehung liefert Freiheit, Erziehung macht Männer und Frauen der heutigen Welt dazu fähig, den Frieden zu verteidigen. Wenn ich gefragt werde, was man tun könne, meinem Volk zu helfen, erwidere ich stets: »Gebt ihm eine gute Ausbildung.«

Unser höchstes Gebot besteht darin zu überleben, und wenn ich sehe, wie Kinder im Morgengrauen Meile um

Meile auf Landstraßen zurücklegen, um ein Dorfklassenzimmer zu erreichen, während ihre Mütter bereits die Felder bestellen, weiß ich, daß der Wille zum Erfolg existiert. Meine geistigen Bilder von städtischen Pendlern, die sich auf dem Weg zur Arbeit in nach Rassen getrennten, überfüllten Zügen und Bussen drängen, zeigen mir, daß der Wille zum Erfolg existiert. Die lächelnden Gesichter schwarzer Universitätsabsolventen, sogenannter Prominenter, von Geschäftsleuten und anderen Unternehmern auf den Seiten von Zeitschriften und Zeitungen zeigen mir, daß der Wille zum Erfolg existiert.

Die schwarzen Südafrikaner sehen ihren Weg vor sich; er mag über Stock und Stein führen, aber sie wissen, wohin sie gehen. Diese Menschen haben erreicht, daß die Apartheid im Koma liegt. Sie hatte einfach keine Erfolgsaussicht, da sie von so vielen, von jedem auf seine Weise, bekämpft wurde. Die Geschichte hat sie als Monstrum abgestempelt; soziale und wirtschaftliche Realitäten haben endlich ihr Totengeläut ausgelöst.

Mir scheint, daß wir einen Punkt in der südafrikanischen Geschichte erreicht haben, an dem keine Umkehr mehr möglich ist. Es kommt nur noch darauf an, eine sofort wirksame Lösung zu finden. Ich würde jedoch eine Lösung nicht als wirksam betrachten, wenn sich in Südafrika eine Form der Tyrannei an eine andere anschlösse. Eine Lösung kann nur dann als wirksam gelten, wenn sie letztlich allen Menschen in Südafrika demokratische Freiheit sichert und einer künftigen Regierung ermöglicht, den Kampf gegen Armut, Bildungsmangel und Krankheit mit wirklicher Aussicht auf Erfolg einzuleiten.

Deshalb beabsichtige ich nicht, weitreichende ideologische oder parteipolitische Statements im Namen der Inkatha oder der Regierung von KwaZulu, deren Chefminister ich bin, auszugeben. Alles, was Erfolg hätte, von wem auch immer durchgeführt, würde für mich und all die Menschen, die ich repräsentiere und die mir am Herzen liegen, von Nutzen sein. Wir werden alles unterstützen, was wirklich funktioniert. Andererseits werden wir uns allem widersetzen, was die Apartheid zwar endgültig vernichten würde, doch zur Folge hätte, daß Südafrika auf lange Sicht einen lähmenden Preis zu zahlen hätte.

Politik und Diplomatie müssen letzten Endes in der Realität verwurzelt sein. Ich habe oft erklärt, daß sich in der Politik wie in der Diplomatie Ideale mit subjektiven Urteilen vermischen. Die letzteren dienen dazu, die Wahrheit zu dramatisieren und bestimmte Aktionen auszulösen, doch wenn die Realitäten von der politischen Darstellung verzerrt werden, verliert man die Fähigkeit, sich diesen Realitäten zuzuwenden. Ich rufe zu wirksamer Aktion auf, welche die von den Realitäten aufgeworfenen Fragen nicht ignoriert.

Die schwarze Politik teilt sich nicht in Befreiungskräfte und andere, die den Status quo bewahren oder von ihm profitieren wollen. Die schwarze Politik ist von solchen Dimensionen, daß alle wichtigen historischen Kräfte an ihr beteiligt sind. Sie werden ein neues Südafrika schaffen, in dem Schwarze und Weiße das Beste aus der Gegenwart bewahren und das Schlechteste über Bord werfen.

2. Was Freiheit für mich bedeutet – Meine Vision der Zukunft

> Ich weiß nicht, welchen Kurs andere
> einschlagen mögen; aber was mich betrifft,
> so gebe man mir Freiheit oder gebe mir den Tod.
>
> *Patrick Henry (1736–1799)*

> Welchen Nutzen bringt politische Freiheit jenen,
> die kein Brot haben? Sie ist von Wert
> nur für ehrgeizige Theoretiker und Politiker.
>
> *Jean-Paul Marat (1743–1793)*

> Wann immer wir jenen die Freiheit nehmen,
> die wir hassen, eröffnen wir den Weg zum Verlust
> der Freiheit für jene, die wir lieben.
>
> *Wendell L. Wilkie (1892–1944)*

Freiheit ist ein kostbarer Besitz, an dem schwarze Südafrikaner kaum teilgehabt haben. Freiheit läßt sich definieren; man kann sie in jenen Ländern sehen und fühlen, deren Bürger sie wahrhaft genießen.

Freiheit hat viele Bedeutungen, und da wir uns dem glorreichen Tag der Befreiung Südafrikas von den Übeln der Vergangenheit nähern, ist es mein erster Wunsch, daß unsere neue Freiheit dauerhaft sein und von der Mehrheit auf gerechte und faire Weise geteilt werden wird. Die Mehrheit muß ihre Entscheidungen frei von Zorn und Beschuldigungen treffen können – frei von Vorurteilen und Furcht, frei von Einschüchterung und Zwang.

Dies ist nur durch Verhandlungen zu erreichen. Kriege nützen nur den Siegern, und wer mit Hilfe von Gewehrläufen an die Macht kommt, regiert gewöhnlich mit Hilfe von Gewehrläufen.

Unsere Befreiung darf nicht flüchtiger Art sein. Sie darf

niemandem den Zugang zu nackter politischer Macht, starren Ideologien, Rache und korruptem persönlichem Gewinn eröffnen. Es dürfen sich nicht über Nacht privilegierte Cliquen herausbilden, die eine neue Gattung von brutalen und schändlichen Ausbeutern darstellen. Die Ängste der Menschen dürfen nicht Wirklichkeit werden.

Für den Mann und die Frau auf der Straße sollte die Freiheit zumindest die Chance bieten, stolz in die Zukunft zu blicken, im Lande ihrer Geburt gleichberechtigt zu leben und zu arbeiten. Diejenigen, denen die Regierung vom Volk anvertraut wird, müssen diese Werte hochhalten und dem Volk zuhören. Sie müssen aufrichtig und offen sein und dürfen nichts Unmögliches versprechen. Sie können Träume, Hoffnung und Inspiration bieten, doch dies alles muß in Realitäten wurzeln, die das Volk kennt und versteht.

Für mich bedeutet die Freiheit Südafrikas, daß wir alle endlich die Möglichkeit haben, offenen Sinnes und unter gleichen Voraussetzungen zusammenzuarbeiten, um die menschlichen Ressourcen und alle anderen Ressourcen der Nation konstruktiv zu nutzen. Dies alles und mehr.

Meine Vision der Zukunft Südafrikas umfaßt ungehindertes menschliches, geistiges, politisches und wirtschaftliches Wachstum. Konstitutionelle und politische Reformen müssen vom Volk ausgehen und dem Volk dienen.

Ich kann in diesem Stadium keine ausdrücklichen und anspruchsvollen politischen Formeln vorschreiben. Ich bestehe darauf, daß das Volk entscheidet und daß Individuen und Vereinigungen die Freiheit haben, dem Volk ihre Alternativen vorzulegen. Die Inkatha wird eine dieser Vereinigungen sein, und unsere Mitglieder, nun 1,7 Millionen Menschen, werden Positionen und Programme formulieren, die das Volk zu prüfen hat. Wir haben bereits gewisse Schlußfolgerungen gezogen, die ich später erläutern werde.

Unser Befreiungskampf wird wertlos sein, wenn die Freiheit, die wir nun anstreben, in Zukunft nicht allen dient. Dies ist das Ziel, das wir in der Inkatha vertreten. Ich habe stets gesagt, daß ich nach freien und fairen Wahlen jeder demokratischen Regierung und ihrer Führung dienen würde, und ich möchte hoffen, daß andere gleichermaßen mit uns zusammenarbeiten würden, wenn wir Machtpositionen erhielten.

Ich reiße mich nicht um das höchste Amt des Landes. Mein Kampf für schwarze Befreiung und ein vereinigtes, nichtrassistisches und demokratisches Südafrika gilt allen Bürgern. Ich tue, was ich unter den nun herrschenden Umständen für richtig halte.

Meine Vision richtet sich auf eine umfassende Regierung der Zukunft, die alle Schranken überwindet – eine Regierung, die über das verfügt, was die Amerikaner so zutreffend »checks and balances« nennen.

Keine Regierung in einem Südafrika, das die Apartheid hinter sich gelassen hat, sollte in eine Position gebracht werden, die ihr erlaubt, dieses Geschenk der Freiheit zu mißbrauchen; die ihr erlaubt, durch Mißwirtschaft und kompromißloses ideologisches Dogma eine Situation zu schaffen, in der wachsende und zermürbende Armut die Grundlagen unseres Aufbauwerks zerstört. Armut ist der Feind der Demokratie; Armut ist zumeist eine Voraussetzung für die Revolution. Verzweifelte Menschen begehen Verzweiflungstaten.

Vor vielen Jahren wurde ich nach den zehn Dingen gefragt, die ich tun würde, wenn ich eine Machtposition in Südafrika innehätte. Ich antwortete, daß ich nicht um meinetwillen nach politischer Macht strebe, doch die Gedanken, die ich damals niederlegte, gelten auch heute noch.

Natürlich wäre ich zu keiner Antwort fähig gewesen, wenn diese hypothetische Regierung der Zukunft nicht demokratisch gewählt sowie auf eine im nationalen Rahmen akzeptable Verfassung und eine »Bill of Rights« gestützt wäre, die die Herrschaft des Gesetzes festigen und schützen würden.

Dies sind für mich fundamentale und unverzichtbare Voraussetzungen. Ich schrieb damals:

1. Nach Abschaffung der Apartheid würde meine erste Regierungspriorität in dem Versuch bestehen, alle Südafrikaner zu versöhnen und zu vereinigen sowie das bittere Apartheidvermächtnis der Spaltung und Verzweiflung zu begraben. Ich würde alle Südafrikaner auffordern, ihr Herz und ihren Geist zu öffnen und eine dauerhafte nationale Gesinnung der Fürsorge und der gemeinsamen Liebe zu unserem Land aufzubauen. Ich würde all jene, die unsere Heimat verlassen haben, einladen, zurückzukehren und mit uns eine neue Ordnung zu schaffen, deren Eckpfeiler Anstand und Demokratie sind.

2. Ich würde fähige Männer und Frauen aus dem ganzen Land um mich sammeln, die die Verantwortung und das Privileg, Südafrika zu regieren, auf eine solche Weise teilen würden, daß jede Aktion das Ziel hätte, Chancengleichheit für alle hervorzubringen. Ich glaube, daß Südafrika nach der Apartheid Führer benötigt, die jeden Lebensaspekt dieses Landes erfassen, die Bedürfnisse unseres Volkes verstehen und erkennen und dann effektiv handeln können. Diese Regierung würde, um von dauerhaftem Nutzen zu sein, das Volk konsultieren und die Politik des Diktats meiden.

3. Ein inhärenter Teil der Regierungsbildung wären eine neue Verfassung und eine Bill of Rights, die bereits von Südafrika als Ganzem akzeptiert ist. Es wäre die Pflicht der Regierung, sofort für die Durchsetzung aller darin enthaltenen Klauseln zu sorgen; zu diesem Zweck würde ich unsere Gerichte und unsere gelehrten Richter auffordern, die Regierung in jedem einzelnen Bereich zu informieren und zu instruieren, wo Entscheidungen und Aktionen zum Schutz und zur Verwirklichung der unveräußerlichen und gleichen Rechte aller Bürger getroffen werden müßten. Dies ist eine der wesentlichen Aufgaben demokratischer Justiz.

4. Ich würde an Handel, Industrie und Arbeiter appellieren, gemeinsam mit der Regierung unsere Wirtschaft kritisch zu prüfen und festzulegen, was kurzfristig und langfristig zu unternehmen wäre, damit es zu einer echten Explosion des Wachstums und der Arbeitsplätzezahl kommt. Eine stabile und schwungvolle Wirtschaft ist lebenswichtig für unsere künftige Stabilität als Nation, und dies würde zu den Prioritäten gehören. Das System der freien Wirtschaft muß sich als tatsächlich »frei« erweisen, nicht nur für die Reichen, sondern auch für die Unterprivilegierten, die versuchen, Anschluß an das System zu finden. Ich werde immer wieder unterstreichen, daß ich die Maxime, nach der ein Arbeitsplatz die beste Wohlfahrt bietet, vertrete. Die Gewerkschaften müssen von der Regierung unterstützt und ermutigt werden und während sie ihre Pflichten ihren Mitgliedern gegenüber verantwortungsbewußt erfüllen, stets Zugang zu Informationen und zum Entscheidungsprozeß erhalten, was letztlich auf allen Ebenen Vertrauen und eine gesunde Wechselwirkung zwischen Arbeitgebern und Arbeitnehmern erzeugen wird. Die Alten und Kranken müssen umsorgt und beschützt werden, und der Staat muß über die dazu nötigen finanziellen Mittel verfügen. Wir müssen sie auf praktische und wirksame Weise versorgen und nicht bloß erklären, was wir tun würden, wenn wir die Mittel hätten. Der Maßstab, an dem jede Gesellschaft gemessen wird, ist die Fürsorge, die er seinen hilflosen Bürgern angedeihen läßt. Das Überleben des Tüchtigsten sollte in einem neuen Südafrika keine nationale Richtlinie sein.

5. Im Rahmen unserer nationalen Bemühung, die Wirtschaft anzukurbeln, würde ich um internationale Unterstützung und Wissensaustausch nachsuchen und aufrichtige, konstruktive Hilfsangebote aus aller Welt begrüßen. Ich sehe Südafrika als festen Bestandteil einer multizentralen Welt.

6. Diplomatische und kommerzielle Beziehungen sollten überall in der Welt wiederhergestellt werden; wir sollten uns um die Aufnahme in politische, wissenschaftliche, kulturelle, wirtschaftliche, akademische und andere weltweite Organisationen und Einrichtungen bemühen, während wir solchem Austausch unsere eigenen Türen öffnen.

7. Ich würde mich besonders an das übrige Afrika wenden und in einer Vielzahl von Bereichen Freundschaft und gemeinsames Handeln anstreben. Ich würde, wo immer möglich, die Hilfe Südafrikas bei der Zusammenarbeit mit diesen Ländern (zu unserem gegenseitigen Nutzen) anbieten und würde, wenn nötig, vielleicht sogar noch weitergehen, um unsere ehrliche Absicht beim Hinwirken auf den wahren Geist des Panafrikanismus zu beweisen. Dabei wäre es nicht nur mein Ziel, Frieden und Harmonie in ganz Afrika zu fördern, sondern auch die wirtschaftliche Gesundung der gesamten Region in Gang zu setzen. Es gibt keinen Zweifel, daß der Beitrag Südafrikas hier von unschätzbarem Wert wäre.

8. Führende Persönlichkeiten müssen dem Volk nahe sein, und ich würde unsere Universitäten und andere erzieherische Einrichtungen, religiöse und kulturelle Vereinigungen ermutigen, in ihrem gesamten Wirken eine Verbesserung ihrer Leistungen anzustreben und die Nation auf zahlreichen Ebenen zu Diskussion und vielseitiger Teilnahme anzuregen. Diese Förderung des Intellekts und des Geistes geht einher mit der physischen Gesundheit und Wohlfahrt aller Menschen, und wenn wir eine Gesellschaft entwickeln wollen, in der es Hoffnung für künftige Generationen gibt, muß jeder Aspekt der Bedürfnisse von südafrikanischen Männern, Frauen und Kindern erforscht und zur Kenntnis genommen werden.

9. Wenn die Herrschaft des Gesetzes respektiert werden soll, muß eine repräsentative Regierung in einem demokratischen, von Parteienvielfalt und freier Wirtschaft geprägten Südafrika dafür sorgen, daß alles, was wir wertschätzen, nach Recht und Gesetz verteidigt wird. Zu diesem Zweck müssen unsere Polizei und unsere Verteidigungsstreitkräfte aus dem Volk hervorgehen und dem Volk dienen sowie in allem, was sie tun, stets den Willen des Volkes widerspiegeln. Die Beamten sind gleichermaßen verpflichtet, ihr Bestes zu tun. Deshalb würde ich Männer und Frauen von Fähigkeit und Engagement auffordern, ihrem Land weise und mit Würde zu dienen, wofür sie angemessene Anerkennung verdienen müssen.

10. Letztendlich gibt es wenige wahrhaft große Nationen, die der Welt nicht Würde, Mitgefühl, Humor, Optimismus und die Fähigkeit, alle Hindernisse auf ehrliche und vernünftige Weise zu überwinden, repräsentieren. Ich würde diese Eigenschaften fördern, denn ich wünsche mir ein glückliches Südafrika, in dem die Menschen – individuell und kollektiv – stolz auf ihr Land und ihre Leistungen sind. Es wird nicht leicht sein. Wir haben einen schweren und langen Weg vor uns, aber welche Aussichten haben wir, wenn wir nicht bereit sind, ihn zu beschreiten?

Dies ist die Vision, die ich zu verwirklichen trachte und stets getrachtet habe; dies sind die grundlegenden Ideale und Gedanken, die ich mit allen, die mich unterstützen, teilen und zusammen mit ihnen – sowie mit vielen anderen – umsetzen möchte.

Ein utopisches Phantasiegebilde? Ich glaube nicht. Was ich geschrieben habe, ist nichts Besonderes. Es handelt sich nur um die Worte, die meiner Meinung nach die Gefühle und Wünsche der meisten Südafrikaner zusammenfassen. Natürlich gibt es auch andere Gruppen, die offensichtliche ideologische Ausnahmen vertreten und sich für ihre eigenen Programme für Südafrika engagieren.

Viele Ursachen der Furcht und des Mißtrauens gehen von ihnen aus, was knapp von dem Journalisten Ken Owen im Johannesburger *Business Day* umrissen wurde; sein Beitrag vom 8. Mai 1989 trug den Titel: »Was nach der Befreiung geschieht, macht ihnen Sorgen.« Er schrieb: »Der Wandel in Südafrika ist gewiß, das Überleben der Demokratie – oder auch nur einer hinreichend zivilisierten Existenz – ist es nicht. Die Abschaffung der Apartheid ist zur Hälfte vollzogen, und die Reformen haben Kräfte freigesetzt, die auch den Rest beseitigen werden; die Ungewißheit, die Quelle unserer Unsicherheit, liegt in der Frage: Was geschieht danach?«

Er führt weiter aus (ich zitiere nur einen kleinen Teil des Artikels): »Die Liberalen wissen, daß die Alternative zur Apartheid nicht im Machttransfer liegt, auch nicht in der Teilung der Macht, sondern in ihrer Zähmung. Der Schlüssel zu einer Lösung des südafrikanischen Problems besteht darin, die Rechte des Individuums zu festigen und zu schützen und den Staat zu schwächen. Das Heim eines jeden muß als seine Burg garantiert sein, ein Ort der Sicherheit.

Die dazu nötigen Methoden sind anderswo gut bekannt, jedoch nicht in Südafrika, das nie eine Demokratie gewesen ist. Um Macht zu beschränken, ist es notwendig, sie so weit wie möglich aufzuteilen. Dies kann erzielt werden, indem man die Macht zwischen konkurrierenden Regierungsbehörden teilt, die sich wechselseitig im Schach halten; oder indem man die Macht zwischen Regionen teilt, in denen jede ihre Bewohner vor der Zentralgewalt schützt.

Selbstverständlich kann individuelle Freiheit nicht ohne Privatbesitz und ohne gesetzliche Mittel zur Übertragung von Rechtstiteln existieren. Diese beiden Begriffe liegen jeglichem wirtschaftlichem Erfolg zugrunde. Südafrika, ebenso wie die Sowjetunion, scheitert teilweise deshalb, weil es beiden Ideen zuwiderhandelt. Dem Eigentum jeglicher Art fehlen staatliche Garantien, so daß weiße Wähler fürchten – und viele Schwarze erwarten –, daß die Befreiung sie um ihren Besitz und um ihre Sicherheit bringen wird ... [Zwei] Wirtschaftssprecher [politischer Parteien] spotten über die Idee, daß Schwarze von den Vorzügen eines marktwirtschaftlichen Kapitalismus überzeugt werden könnten ...

Sie haben den Glauben an die liberale Idee – oder vielleicht haben sie nie an sie geglaubt – verloren, daß die Armen Wohlstand schaffen können, wenn man ihnen die Freiheit dazu gibt ...

Weiße Wähler haben schreckliche Angst vor dem, was geschehen wird, wenn die Macht an die Schwarzen übergeht, doch niemand – weder schwarz noch weiß – sagt ihnen, wie sie unter schwarzer Herrschaft sicher leben können. Weiße Wähler glauben, daß die Befreiung mit ihrer Verarmung gleichbedeutend ist, doch niemand sagt ihnen, daß das Wirtschaftswachstum, das andere reicher gemacht hat, auch diese Nation zu Wohlstand führen kann ...

Was die weiße, die Apartheid ablehnende Wählerschaft benötigt – sie fleht geradezu darum –, ist die Vision einer erträglichen Zukunft. Diese Vision kann nicht von Sozialisten ausgehen, die von Klassenkampf und Planwirtschaft besessen sind; sie kann nicht von den Nationalisten ausgehen, die davon besessen sind, alle Gruppen gegeneinander auszuspielen; und sie kann nicht von den Neokonservativen ausgehen, deren extreme wirtschaftliche Freizügigkeit keine Grenzen kennt. Nur die Liberalen haben eine glaubhafte Vision einer sicheren Zukunft, wenn sie diese nur der Wählerschaft begreiflich machen könnten. Statt dessen werden die Wähler einem Hagel von Drohungen, Warnungen, Denunziationen und moralisierenden Predigten ausgesetzt, die ihre Besorgnis nur erhöhen ...«

Als ich dies las, war ich mehr als ein Jahr zuvor bereits gebeten worden, meine »Vision« für Südafrika zu beschreiben, und dieses Buch war längst in Angriff genommen. Aber Ken Owens Schilderung der weißen Ängste ließ in mir eine Saite anklingen, daß auch ich im Laufe der Jahre ausführlich auf dieses Thema eingegangen bin. Ich sehe ein, daß die Weißen Angst haben. Ich verstehe es. Auch die Schwarzen haben Angst, was ich nur zu gut nachvollziehe. Manche Weiße können sich in ihrer Arroganz nicht vorstellen, daß schwarze Südafrikaner das kapitalistische Marktwirtschaftssystem mit seiner Geschichte der Ausbeutung tatsächlich übernehmen werden. Sie begreifen nicht, daß die schwarzen Südafrikaner in vieler Hinsicht von Glück sagen können, weil dieses Land als letztes auf dem Kontinent befreit wird.

Wir sind fähig gewesen, uns an die Lektionen zu halten, die Afrika uns erteilt hat. Der Sozialismus in seinen verschiedenen Ausbildungsformen hat auf diesem Kontinent keinen Erfolg gehabt. Trotz der besten Vorsätze, die man in einigen Ländern hatte, ist er kläglich gescheitert. Die freie Marktwirtschaft bleibt das einzige System, in dem Wohlstand auf eine Weise geschaffen werden kann, die Arbeitsplätze sowie die für Wachstum und Stabilität nötige Infrastruktur hervorbringt.

Ich brauche nicht auszuführen, daß die Vorzüge der freien Marktwirtschaft – von der Sowjetunion bis nach Simbabwe – nur allzu deutlich werden.

Die Zerstörung der westlichen Maßstäbe und Kapitalanlagen ist das letzte, was die Weißen in Südafrika fürchten sollten. Der schwarze Kampf gilt der *Aufnahme* in dieses System der Wohlstandserzeugung. Die Schwarzen wollen an dem Besten teilhaben, was das Land zu bieten hat.

Die Vorstellung, daß schwarze Südafrikaner potentielle Räuber und Plünderer weißen Eigentums seien, ist gleichermaßen beleidigend. Während Weiße Afrika seit Jahrhunderten ausgeraubt haben und in Südafrika siebenundachtzig Prozent des Bodens besitzen, bleibt es eine hysterische Vorstellung, daß die Schwarzen den Spieß umdrehen würden, sobald die demokratischen Prinzipien endlich triumphieren. Südafrika ist noch keine Demokratie, und das ist der springende Punkt. Auf vielen Lippen liegt die Frage: Wird es eine werden, und auf welche Weise?

Natürlich wird eine Umverteilung des Wohlstandes in Südafrika stattfinden müssen, doch dies heißt nicht, daß die Besitzenden von einem Moment zum anderen zugunsten der Besitzlosen enteignet würden. Radikale und andere jagen vielen einen Schauer über den Rücken, wenn sie von Verstaatlichung sprechen und ihre Parole »Afrika den Afrikanern« verkünden, aber ist die Frage nicht vielmehr, was für eine Regierung nach der Abschaffung der Apartheid gewählt wird?

Wenn die Menschen sich für einen sozialistischen Einparteienstaat entscheiden, werden natürlich zahllose Gefahren drohen. Ich glaube nicht, daß die Menschen eine solche Entscheidung treffen werden. Alles deutet darauf hin, daß die breite Masse sich eine marktwirtschaftliche Vielparteiendemokratie wünscht, und dies betone ich immer wieder. Meine Meinung wird von vielen substantiellen Umfragen gestützt. Ist es nicht höchste Zeit, daß alle Südafrikaner und Ausländer, denen an einer solchen Realität liegt, auf dieses Ziel hinarbeiten?

Was immer die allgemeinen Sehnsüchte des Volkes sein mögen, eine gute Politik muß etablierte Ziele und Hoffnungen stets neu bekräftigen. Die Menschen müssen unablässig überzeugt werden, daß ihre Entscheidungen richtig waren (wobei die Entscheidungen immer offen zur Diskussion stehen sollten). Die Mehrheit muß mit ihren Entscheidungen zufrieden sein und wissen, daß sie mit ihren Überzeugungen nicht allein gelassen wird.

Wir haben zu akzeptieren, daß andere, die das Ziel einer marktwirtschaftlichen Vielparteiendemokratie nicht teilen, ihre eigenen Vorstellungen verfolgen und versuchen werden, Unterstützung für ihre Sache zu gewinnen. Starre Ideologen sind häufig hochmotiviert und verstehen es glänzend, sich Gehör zu verschaffen. Sie haben Zugang zu den Medien und nutzen ihre Vorteile mit atemberaubendem Engagement und oft unter brutaler Mißachtung des sogenannten Fairplay. Es geht ihnen um nichts anderes als den Sieg. Ist dies nicht ihr demokratisches Recht? Ob sie unter anderen Umständen genauso bereit wären, ihren Gegnern auf so großzügige und demokratische Weise politische Vereinigungsfreiheit zu gewähren, ist eine ganz andere Frage. Gleichwohl dürfen wir dieses Recht niemals mindern und anderen verweigern, wie unbequem es auch sein mag und wie gefährdet wir uns auch fühlen mögen.

Wie ist es möglich, daß diese Ideologen besser organisiert und entschlossener zu sein scheinen? Wie ist es möglich, daß ihre Stimme meist am lautesten klingt?

Ganz einfach deshalb, weil wir übrigen nicht konzentriert genug vorgehen.

All jene, die sich für Südafrika sehnlichst Freiheit, eine Vielparteiendemokratie und eine freie Marktwirtschaft wünschen, müssen das Volk von diesen Idealen überzeugen. Überall im Lande haben unermüdliche Kampagnen stattzufinden, und unsere Gegner müssen ganz einfach von unserer Zielstrebigkeit überwältigt werden. Schwarze und Weiße müssen sich gemeinsam diesem Ziel widmen. Wenn wir es nicht tun, werden wir dann nicht verdienen, was uns beschert wird?

Die verängstigten Weißen dürfen sich nicht einfach zurücklehnen und, wie Ken Owen in seinem Artikel im *Business Day* schrieb, »auf Harmageddon warten und still ›ihre Gewehre in der Sonne polieren‹«. Er appellierte hauptsächlich an die Weißen, energisch zur Tat zu schreiten und die liberale Vision einer sicheren Zukunft zu unterstützen. Aber ich bin sicher, daß er auch an die Schwarzen, die ähnliche Werte teilen, dachte.

Wir sehen uns in diesem Lande in der Tat einigen sehr düsteren Szenarien gegenüber. Wenn wir ein Bild der Zukunft malen, in dem wir davon ausgehen, daß die südafrikanische Regierung in den Augen der internationalen Gemeinschaft widerspenstig bleibt und sich in den Augen der Südafrikaner hartnäckig an ihre Apartheidpolitik klammert, müssen wir notwendigerweise eine Darstellung eskalierender Gewalt geben, die so lange fortdauert, bis die eine Politik der verbrannten Erde auf die andere trifft.

Wenn wir ein Bild der Zukunft entwerfen und davon ausgehen, daß die südafrikanische Regierung Worten schließlich Taten folgen lassen wird und Reformen einleitet, die von der Mehrheit des Volkes in diesem Land als wirklich sinnvoll empfunden werden, dann müssen wir eine Darstellung zeitweiliger Turbulenz geben, die überwunden werden muß. Verhandlungen verdienen ihren Namen nur dann, wenn sie sich auf ein klar umrissenes Ziel richten. Die Ära des politischen Diktats, in der Weiße Schwarzen Befehle erteilen konnten, ist vorüber. Südafrika ist ein einziges Land, und es darf für eine Nation nur eine einzige Staatsbürgerschaft geben. Dies muß die Zielsetzung sein.

Verhandlungen in unserer Situation bedeuten ein Risiko. Jeder vernünftige Politiker wird das Risiko begrenzen wollen, doch das ist für uns nur bis zu einem gewissen Punkt möglich. Wenn wir das Risiko zu stark begrenzen wollen, könnten wir größere Gefahren auslösen, die der revolutionären Atmosphäre des Landes förderlich wären.

Ich bin mir sicher, daß der Zeitfaktor den Revolutionären in die Hände spielt. Je mehr Zeit vergeht, desto stärker werden die Revolutionäre und desto mehr Unterstützung finden sie in der Gesellschaft als Ganzem. Wir können Armut, Bildungsmangel und Krankheit erst dann bekämpfen, wenn wir einen nationalen, alle vereinenden Willen zum Erfolg entwickelt haben. Solange Armut, Bildungsmangel und Krankheit im schwarzen Südafrika grassieren, wächst die Fruchtbarkeit der revolutionären Brutstätten.

Wir haben keine Zeit, vor der Aufnahme von Verhandlungen zu schwanken. Wir dürfen nicht länger am Kreuzweg der Geschichte zaudern, wir müssen uns unserem Schicksal stellen.

Ich gehöre zu denen, die meinen, daß Regierungsaktionen ausschlaggebend für den Erfolg einer Verhandlungspolitik sind. Wir können kein neues Südafrika »herbeiverhandeln«, wenn die südafrikanische Regierung und die Nationale Partei sich nicht an den Gesprächen beteiligen. Ich meine, daß die Verhandlungspolitik Kontinuität und Fortschritt in Richtung eines wahrhaft demokratischen Südafrika sicherstellen muß. Es wird der Kontinuität helfen und die Fähigkeit verstärken, die besten Bestandteile des gegenwärtigen Systems zu bewahren, wenn die Zukunft »herbeiregiert« wird. Forderungen nach totaler Kapitulation und der Machtübergabe durch die südafrikanische Regierung können nur einen vernichtenden Krieg herbeiführen, in dem es keine Sieger geben wird. Die südafrikanische Regierung hat ihre Position de facto und de jure inne. Es ist kindisch, zu toben und sie als illegitim zu bezeichnen. Ich habe noch nie gehört, daß jemand Militärjuntas, die es in Afrika im Überfluß gibt, als »illegitim« bezeichnet hätte, nachdem sie de facto und de jure an die Regierung gelangt waren.

Die heutige Regierung Südafrikas ist ein Anachronismus, sie ist nicht repräsentativ und nicht demokratisch, aber sie ist nun einmal die amtierende Regierung, und sie muß vor den Folgen ihrer eigenen Aktionen bewahrt werden.

Nur die Demokratie kann das Überleben der demokratischen Ideale garantieren. Die demokratischen Ideale können nicht von Diktatoren oder faschistischen Regierungen bewahrt werden, und sie können nicht in einer Art politischer Schwebe gehalten werden, während die südafrikanische Regierung mit Hilfe von Notstandsgesetzen herrscht. Politische Ideale können letztlich nur dann bewahrt werden, wenn man sie in die Praxis umsetzt.

Südafrika braucht keine wetterwendischen Bürger, die Anstand und Demokratie für jederzeit wandelbar halten; die den Kopf in den Sand stecken, wenn es mulmig wird, oder in sichereren Gegenden Zuflucht suchen.

Ich bin nicht der Mensch, in einer politischen Konfrontation wie Espenlaub zu zittern, und ich werde mich von meinem tiefen Engagement für das, was ich für wertvoll halte, nicht abbringen lassen. Die weißen Südafrikaner brauchen keine Angst davor zu haben, das Land mit schwarzen Demokraten zu teilen.

Die von Ken Owen angesprochene Furcht ist ein entscheidender Faktor in der südafrikanischen politischen Situation, aber sie beschränkt sich nicht auf die weiße Gesellschaft, sondern sie ist auch in der schwarzen Gesellschaft zu Hause. Ich weiß, wie schwierig es sein wird, die Furcht zu bannen, und welchen Schaden sie dem Verhandlungsprozeß in Südafrika mittlerweile zufügt.

Die Weißen haben Angst vor jeder Art von Mehrheitsherrschaft. Dies ist kein Wunder, denn Rassismus erzeugt Furcht vor anderen Rassengruppen. Er beruht auf dieser Furcht. In der schwarzen Gesellschaft hat man Sorge, daß die Weißen, solange sie irgendeine Sonderbehandlung erfahren, ihre Position nutzen werden, um die Apartheid festzuschreiben.

Es wird befürchtet, daß die Weißen ihren Rassismus gar nicht aufgeben können. In ganz Südafrika machen die Revolutionäre nur eine Minderheit aus. Doch es ist eine wachsende Minderheit, und in ihr ist die Zukunftsangst so dominierend, daß man nur die völlige Zerstörung der Apartheid, zusammen mit der Zerstörung der Vielparteiendemokratie und der kapitalistischen freien Marktwirtschaft, für hinreichend hält, um den dauerhaften Zusammenbruch des weißen Rassismus zu gewährleisten.

Wenn sich die politische Situation in Südafrika weiterhin verschlimmert, wird die Furcht letztlich eine Auseinandersetzung auslösen, in der es, wie ich bereits betont habe, keine Sieger geben kann. Wir müssen diese Möglichkeit ausschließen, um dadurch die Befürchtungen zu zerstreuen. Die Schwarzen werden weiterhin jede Maßnahme der Weißen fürchten, solange die südafrikanische Regierung die schwarze Demokratie lähmt, indem sie politische Führer bannt und Organisationen Beschränkungen auferlegt. Wenn die gesamte Führerschaft des schwarzen Südafrika frei ist und auf die Zukunft hinarbeitet, werden wir als Land fähig sein, den demokratischen Prozeß – in dem demokratische Aktivität begrüßt und gefördert wird – zu entwickeln.

Es ist die weiße Furcht vor der schwarzen Demokratie,

die die Beschneidung der schwarzen Demokratie auslöst. Andererseits ist es die Beschneidung der Demokratie, welche die Furcht vor ständiger weißer Herrschaft auslöst.

Diese Furcht auf beiden Seiten muß ernstgenommen werden, und dazu bedarf es eines Kompromisses. Wir müssen die Vorbedingungen für die Aufnahme von Verhandlungen über die Zukunft Südafrikas verringern. Die schwarzen Südafrikaner müssen begreifen, daß die Aussicht auf ein Regierungssystem in einem Einheitsstaat, das auf dem »One-man-one-vote«-Prinzip und auf dem allgemeinen Wahlrecht erwachsener Bürger beruht, die Weißen wirklich von Grund auf mit Angst erfüllt. Die weißen Südafrikaner müssen begreifen, daß die Aussicht auf jede Art von Apartheid oder Neoapartheid oder jegliche Verfassung mit rassistischen Fundamenten die Schwarzen von Grund auf mit Angst erfüllt.

Ich persönlich schätze die Ideale eines »One-man-one-vote«-Regierungssystems in einem Einheitsstaat. Mein ganzes Erwachsenenleben hindurch habe ich mir ein parlamentarisches System nach dem Vorbild Westminsters für Südafrika erhofft. Die große Mehrheit der schwarzen Südafrikaner stimmt mit mir überein. Wir müssen jedoch vor allem das Interesse Südafrikas im Auge haben und bereit sein, ein föderatives, ein Kantonsystem oder jedes andere System in Betracht zu ziehen, in dem die Grundprinzipien der Demokratie, wie sie sich in den Verfassungen der freien Welt ausdrücken, aufrechterhalten werden.

Südafrika muß nicht das Rad neu entdecken, um sich zur Demokratie zu bekennen. Wir müssen uns vergegenwärtigen, daß es eine freie Welt gibt und daß die Demokratie, die ihr nützt, auch Südafrika nützen könnte.

In Südafrika wird die Forderung lauter, daß durch die Normalisierung des Landes eine moderne, industrialisierte Demokratie westlichen Typs entstehen soll. Die beschleunigte Aufhebung der Apartheid würde Rassenängste beilegen und Anerkennung für die Ideale westlicher, marktwirtschaftlicher Demokratien schaffen.

Vor vier Jahren legte ich ein *Muster* für die Art Absichtserklärung vor, die nötig wäre, bevor sinnvolle Gespräche über Machtteilung und Versöhnung zwischen der südafrikanischen Regierung und anderen beginnen könnten. Ich unternahm diese Aktion in dem Glauben, daß die Weißen falsche Vorstellungen von den Wünschen der schwarzen Südafrikaner hätten. Ich stellte damals – wie heute – klar, daß wir keine Herrschaft der Schwarzen über die Weißen verlangen. Wir streben nur nach einer Beteiligung, die auch den Weißen offensteht. Wenn wir dazu nicht in der Lage sind, was können wir dann überhaupt tun? In meinem Entwurf hieß es:

»Wir erklären hiermit unsere Verpflichtung, Gott Seinem göttlichen Willen gemäß für unser Land zu dienen, und akzeptieren gemeinsam:

Die Geschichte der Menschheit zeigt das Erfordernis von Anpassungsfähigkeit und Wandel unter allen Völkern und allen Nationen.

Die Nationen, denen es gelungen ist, den Einsatz von Gewalt bei der Erreichung ihrer nationalen Ziele zu vermeiden, haben an Weisheit gewonnen.

Irrtümer und noch nicht verarbeitete Lektionen führten zu Fehlurteilen in der politischen Hauptströmung sowohl der schwarzen wie der weißen Teile unserer Gesellschaft.

Das südafrikanische Volk ist eine Familie der Menschheit und bemüht sich, in Harmonie mit der afrikanischen Nationengemeinschaft zu leben; dies strebt es an, indem es zivilisierte Ideale in den praktischen, sozialen, wirtschaftlichen und politischen Angelegenheiten unseres Landes zum Ausdruck bringt.

Die südafrikanische Verfassung, wie sie nun niedergeschrieben ist, kann kraft der Geschichte und der Realität nur ein erster Schritt auf dem Wege der Verfassungsreform sein; der zweite Schritt zur Bereicherung der Verfassung muß dringend getan werden, um sie für die breite öffentliche Meinung der Afrikaner genauso akzeptabel werden zu lassen wie für die breite öffentliche Meinung der Weißen.

Das Regierungsmodell von Westminster wurde nicht von Gott als einzige gute Regierungsform verfügt.

Wir akzeptieren daher:

Die Notwendigkeit, die Präambel der südafrikanischen Verfassung für alle Gruppen und Völker des Landes mit gleichem Wert auszustatten, indem der Artikel ›Die Selbstbestimmung der Bevölkerungsgruppen und des Volkes zu respektieren, zu fördern und zu schützen‹ um die Idee erweitert wird, daß dies am besten durch Gewaltenteilung zu erzielen ist. Wir müssen die Macht so teilen, daß niemand irgendeiner anderen Gruppe vorschreiben kann, wie sie ihre eigene Selbstbestimmung auszudrücken hat; und wir müssen die Machtteilung auf eine Formel bringen, in der die heiligen Werte einer guten Regierung nicht kompromittiert werden.

Die Notwendigkeit, die Verfassungsmäßigkeit des flexiblen demokratischen Prozesses zu bewahren, auf die wir uns gemeinsam verlassen werden, wenn wir dem göttlichen Willen für unser Land gehorchen. Wir werden uns deshalb bemühen:

als Parteiführer zu verhandeln, um die südafrikanische Verfassung so zu ergänzen, daß sie allen Gruppen genehmer wird;

ein alternatives politisches System zu dem zu finden, das die Welt im allgemeinen mit dem Begriff ›Apartheid‹ verbindet, sowie ein alternatives politisches System zu finden, in dem sich das allgemeine Wahlrecht in Verfassungsbegriffen ausdrückt, die von allen Völkern Südafrikas akzeptiert werden können;

der gemeinsamen Staatsbürgerschaft aller Völker Südafrikas Ausdruck zu geben, ohne die Bedeutung der Staatsbürgerschaft für irgendeine Gruppe einzuschränken;

die Gelegenheiten zu nutzen, die sich in der praktischen Politik auf der ersten, zweiten und dritten Regierungsebene präsentieren; um die nationale Einheit durch Vertiefung des demokratischen Prozesses zu formen, und den demokratischen Prozeß zur Erforschung der Bedürfnisse zu nutzen, die das Volk veranlassen, die Instrumente der Regierung zu legitimieren.

Wir geloben daher:

mit nationalem Stolz und Patriotismus darauf hinzuwirken, daß alle Südafrikaner die Zukunft Südafrikas entscheiden werden, wobei sie einander als Individuen und Gruppen sowie die kulturellen Rechte jedes einzelnen auf Eigenständigkeit akzeptieren;

dort zu beginnen, wohin uns die Geschichte gebracht hat, und auf allem Positiven und Wertvollen aufzubauen sowie das zu ändern, was negativ und unerwünscht ist;

jeweils bei unserer eigenen Wählerschaft einen südafrikanischen Stolz auf die Verwaltung unserer eigenen südafrikanischen Angelegenheiten zu entwickeln, und zwar im Einklang mit international akzeptierten Maßstäben zivilisierten Anstandes, ohne Diktate von außerhalb entgegenzunehmen.

Nach dem Bekenntnis zu dieser Erklärung werden wir gemeinsam alles tun, um unser Recht notfalls mit unserem Leben zu verteidigen und die Schritte innerhalb der notwendigen Zeit zu tun, die einen Konsens zwischen den Gruppen herstellen und Unterstützung für unsere gemeinsamen Bemühungen in der südafrikanischen Nationenfamilie erreichen werden; ferner gemeinsam alles tun, um Südafrika gegen äußere Angriffe zu verteidigen und auf jeden Einsatz von Gewalt zu verzichten, der die auf nationale Versöhnung gerichtete Verhandlungspolitik bedroht.«

Als schwarzer Südafrikaner entwarf ich diesen Text, damit ihn alle Südafrikaner kennenlernen und mit mir erörtern können. Dieser Text wurde einmütig von meiner Wählerschaft in KwaZulu und in der Inkatha gebilligt; er wurde jedoch von der weißen südafrikanischen Regierung abgelehnt.

Diese Worte entsprachen meiner damaligen Vorstellung, wie die Politik der Verhandlung einzuleiten sei. Meine Absicht bestand darin, Schwarze und Weiße in dem entschlossenen Bemühen zu vereinen, zielstrebig auf eine neue Zukunft hinzuarbeiten.

Es war eine schwarze Initiative, die ich heute für sogar noch relevanter halte. Die Weißen dürfen keine Angst vor den Schwarzen haben. Die Schwarzen dürfen keine Angst vor den Weißen haben. Was kann ein schwarzer Südafrikaner wie ich denn anderes tun, als diese Worte stets zu wiederholen und unseren guten Willen immer wieder von neuem zu beweisen?

3. Wirtschaftliche und andere Realitäten im heutigen Südafrika

Das Ziel der Regierung im Frieden und im Krieg
ist nicht der Ruhm von Herrschern oder von Rassen,
sondern das Glück des gemeinen Mannes.

Sir William Beveridge (1879–1963)

Die drei Ziele, die ein Staatsmann sich bei der
Regierung einer Nation setzen sollte, sind:
1. Sicherheit für Besitzende,
2. Möglichkeiten für Erwerbende und
3. Hoffnung für alle.

Samuel Coleridge (1772–1834)

Alle sechsundzwanzig Sekunden wird in Südafrika ein Baby geboren. Acht von zehn Landarbeitern können weder lesen noch schreiben. Bis zum Jahre 2000 wird es 13 Millionen schwarze Schüler geben. Schätzungsweise 8 Millionen Menschen könnten um die Jahrhundertwende arbeitslos sein. Die Wohnungsbaukosten könnten im Laufe der nächsten zwölf Jahre nicht weniger als 50 000 Millionen Rand betragen.

Dies war die erschreckende Statistik, die eine Zeitung *(The Star,* 2. Mai 1989) nach Angaben des südafrikanischen Direktoriums für Bevölkerungsentwicklung zitierte.

Nach Schätzungen des Zentralen Statistikdienstes sah die südafrikanische Bevölkerung (ausschließlich der sogenannten »unabhängigen« Homelands) Ende 1987 folgendermaßen aus:

Afrikaner	20 132 000
Asiaten	913 000
Coloureds	3 069 000
Weiße	4 911 000
Insgesamt:	29 025 000

Die »unabhängigen« Homelands (Transkei, Bophuthatswana, Ciskei, Venda – TBCV) umfassen weitere 6181898 Menschen.

In seinem Überblick über Rassenbeziehungen (1987/88) schrieb das Südafrikanische Institut für Rassenbeziehungen, daß die Gesamtbevölkerung folgendermaßen geschätzt werden kann:

Afrikaner *(darunter eine kleine Zahl von Weißen, Indern und Coloureds, die in den »unabhängigen« TBCV-Gebieten leben)*	26313898
Asiaten	913000
Coloureds	3069000
Weiße	4911000
Insgesamt:	35206898

Revidierte Schätzungen über die Geburtenzahlen von Afrikanern in den Jahren 1985 und 1986 waren nicht verfügbar. Immerhin zitierte das Institut dem Präsidialrat zugeschriebene Forschungen, nach denen sich die Geburtenrate der afrikanischen Bevölkerung gegenwärtig auf fünf Kinder pro Frau beläuft. Dies bedeutet realistischerweise, daß Südafrika heute eine schwarze Geburtenquote von ungefähr drei Prozent hat.

Der Präsident der Vereinigung der Handelskammern und der Industrie Südafrikas, Mr. Raymond Parsons, wurde damals mit den Worten zitiert, daß das hohe Bevölkerungswachstum einen »lähmenden Effekt« auf die Fähigkeit der Wirtschaft zu Wachstum, Schaffung von Arbeitsplätzen und Hebung des Lebensstandards haben werde.

Das Ministerium für Nationale Gesundheit und Bevölkerungsentwicklung merkte in seinem Jahresbericht von 1986 an, daß das südafrikanische Bevölkerungswachstum eines der dringlichsten Probleme des Landes sei. In dem Bericht hieß es, zwischen rapidem Bevölkerungszuwachs und Armut, Arbeitslosigkeit und schlechten sozioökonomischen Verhältnissen bestehe eine eindeutige Verbindung. Zwischen Bevölkerungszuwachs, grundlegenden Ressourcen und »wirtschaftlichen und sozialen Kapazitäten« sei ein Gleichgewicht herzustellen. Die Bevölkerungszunahme könne nur eingedämmt werden, wenn man die Lebensqualität der rasch wachsenden Bevölkerungsteile durch soziale und wirtschaftliche Entwicklungsprogramme und Geburtenplanung verbessere.

Dies sind die Realitäten des heutigen und des künftigen Südafrika. Die Geschichte lehrt uns, daß politische, soziale und wirtschaftliche Grundlagen untrennbar verknüpft sind.

Die Erzeugung von Wohlstand wird für die Stabilität jeder Regierung lebenswichtig sein, und ich habe bereits meine Überzeugung dargelegt, daß nur eine freie Marktwirtschaft auf den positiven Grundlagen Südafrikas aufbauen könnte. Wir – und damit meine ich schwarze wie weiße Südafrikaner – wollen keine Situation, die den Entwicklungen in Mosambik und Angola und anderen Teilen Afrikas entspricht.

Wir haben nun den eindeutigen Vorteil, den ganzen südlichen Teil des Kontinents beobachten zu können, in dem man weithin nach einer freien Marktwirtschaft strebt, um notleidende Länder zu unterstützen.

Mosambik, das sich so sehr bemühte, den sozialistischen Weg zu beschreiten, wendet sich nun wieder der freien Marktwirtschaft für die Entwicklung des Landes zu. Die Sowjetunion will sich aus den regionalen Konflikten im südlichen Afrika heraushalten, und unser Land ist heute mehr als je das Tor der westlichen Welt zu diesem Teil des Kontinents und vielen anderen afrikanischen Gebieten.

Ich halte es für geboten, dieses Tor weiter zu öffnen und mit unseren internen südafrikanischen Angelegenheiten fertigzuwerden, damit die hiesigen Ereignisse auch für das übrige südliche Afrika Vorbild sein können. Was hätten wir dem übrigen südlichen Afrika zu bieten, wenn wir den Prozeß des Wandels scheitern ließen und die Armut auf dem Subkontinent vergrößerten?

Bei allem, was wir tun, müssen wir unsere Stellung in

Afrika im Auge haben. Südafrika ist keine Insel, und wir würden von einem südlichen Vorstoß revolutionärer Tendenzen aus dem notleidenden Afrika vernichtet werden, wenn wir nicht in die Offensive gingen und weit jenseits unserer Grenzen zur Entwicklung beitrügen.

Aber die Zeit wird knapp. Millionen von Südafrikanern überleben bereits mühevoll mit Hilfe von Wohltätigkeit oder Ernährungsprogrammen. Armut, Bildungsmangel und Krankheit grassieren. Eltern müssen Wohnungen und Arbeitsplätze besitzen, Kinder müssen ernährt, bekleidet und erzogen werden. Für den gewaltigen Bevölkerungsüberschuß, der demnächst auf den Markt drängen wird, sind Arbeitsstellen zu schaffen. Die heutige Statistik zeigt, daß fünfzig Prozent aller schwarzen Südafrikaner weniger als fünfzehn Jahre alt sind. Das 21. Jahrhundert hat in mancher Hinsicht bereits begonnen.

Wenn ich über die Wirtschaft Südafrikas nachdenke, wird mir klar, daß wir beginnen müssen, viel größeren Wohlstand zu erzeugen, und zwar sofort. Wir können uns nicht leisten, über die Umverteilung des Eigentums nach Abschaffung der Apartheid zu reden; wir müssen beginnen, Arbeitsplätze, Wohnungen, Schulen, Technologien und Universitäten, Kliniken und Krankenhäuser für die Zukunft zu planen. Die Bedürfnisse sind endlos.

Bei meiner eigenen politischen und wirtschaftlichen Betrachtung der Fragen, denen wir uns in Südafrika stellen müssen, versuche ich, als nüchterner Pragmatiker, nicht als Ideologe vorzugehen. Ich bin deshalb in der Politik, weil die Menschen der Führung bedürfen, nicht deshalb, um meine persönlichen Bedürfnisse zu befriedigen. Dadurch habe ich den Vorteil, mich von dem gerade modischen Denken distanzieren zu können, und ich muß meinen Zuhörern nicht nach dem Mund reden, nur um mich beliebt zu machen. Ich muß ständig den morgigen Tag im Auge haben und alle Maßnahmen, die keine Dauer haben können, vermeiden.

Die Ungeheuerlichkeit der Probleme wird mir an jedem

Tag meines Lebens bewußt. Ich weiß, daß bereits Millionen schwarzer Südafrikaner aus notleidenden ländlichen Gebieten in die Städte strömen, um Arbeit zu finden; sie leben in gewaltigen, immer größer werdenden Slums und Squattersiedlungen. Ich weiß, daß es nicht die geringste Chance gibt, die entsetzlich hohe Arbeitslosigkeit in Südafrika in der absehbaren Zukunft zu beseitigen, nicht einmal bei optimalen wirtschaftlichen Wachstumsraten.

Deshalb erkenne ich die überragende Bedeutung des inoffiziellen Wirtschaftsbereiches an, in dem Schwarze viele Arten von Heimindustrien schaffen, um zu überleben.

In dieser Hinsicht hat Hernando de Sotos grundlegende Untersuchung *The Other Path: The Informal Revolution* über die entscheidende Rolle des inoffiziellen Bereiches in den Wirtschaften der Dritten Welt mein besonderes Interesse geweckt.

Diese packende und überzeugende Studie der Bedingungen, unter denen die Armen in Peru leben, enthüllt verblüffende Ähnlichkeiten mit der südafrikanischen Situation. De Soto beschreibt, wie die Armen und Heimatlosen in Peru Boden »in Besitz nehmen« – genau wie die südafrikanischen Squatter –, und führt aus, daß sie die »sozialistische« Forderung nach kollektivem Grundeigentum völlig ablehnen und sich sofort daranmachen, ihr neuerworbenes Land in Privatparzellen zu teilen. Sie etablieren ihr eigenes Gesetzsystem, um ihren privaten Anspruch auf das Land zu schützen. Dieser Umstand wurde von den Rezensenten des Buches in Südafrika besonders unterstrichen.

De Soto schreibt, daß die verarmten Peruaner vom Lande in die Städte kommen, um innerhalb des Systems Fuß zu fassen (wie in Südafrika), nicht aber, um es zu stürzen (das gleiche gilt für Südafrika). Dies sei der Grund, weshalb sozialistische Pläne in Lateinamerika scheiterten, besonders angesichts der Tatsache, daß liberale Regierungen sich häufig mit faschistischen Militärregimen abwechseln.

Der Autor erklärt, daß die Armen deshalb arm sind, weil sie daran gehindert werden, ihren eigenen Wohlstand zu schaffen, denn sie werden von »der Bürde der Wirtschaftsgesetzgebung in Peru sowie durch Ausschluß von der Rechtsprechung behindert« (wie in Südafrika). In Peru begann der inoffizielle Sektor, wie erwähnt, seine eigene Gesetzgebung hervorzubringen, was »wir zu anderen Zeiten und an anderen Orten der Welt erlebt haben«.

In einem Artikel, der vom Washingtoner Center for Strategic and International Studies und in der *South African Foundation Review* veröffentlicht wurde, erklärte de Soto: »Der inoffizielle Sektor kann vielleicht die neue Mittelschicht hervorbringen, wie seine Vorgänger es in Europa und Nordamerika taten. Man darf sagen, daß die Inoffiziellen gemeinsame Interessen und Ziele teilen ...«

Ich stimme ihm uneingeschränkt zu, wenn er schreibt: »Die einzige echte Lösung besteht darin, daß die Regierungen den dringenden Wünschen der Menschen entgegenkommen. Die Menschen sind viel klüger und vernünftiger, als man ihnen im allgemeinen zugute hält ... Unsere Überzeugung, daß Demokratie und Marktwirtschaft die einzigen Entwicklungsmöglichkeiten bieten, erwächst aus einem pragmatischen Test all dessen, was erfolgreich ist, und aus historischen Perspektiven, die erhebliche zusätzliche Beweise liefern.«

Er gibt meine eigenen Gedanken genau wieder, wenn er darlegt, daß viele überlieferte Lehrsätze über die Herausbildung moderner Wirtschaftssysteme für die Verhältnisse in den Entwicklungsländern ganz nebensächlich sind: »Wir müssen noch viel lernen, um unser intellektuelles Haus in Ordnung zu bringen.« Die Schlußfolgerung vieler, daß die Situation sich nach Aufhebung aller schlechten Gesetze bessern werde, sei zu einfach.

Niemand im Westen habe einen Entwurf anbieten können, »wie der Übergang von einem merkantilistischen System zu einem marktwirtschaftlichen System innerhalb eines offenen politischen Rahmens zu vollziehen ist ... Wir müssen ideologische Arbeit leisten, das heißt Ideen und politische Vorstellungen sammeln, die sich überzeugend ineinanderfügen sowie die menschlichen Hoffnungen und unsere moralischen Prioritäten verkörpern«.

De Soto schreibt im weiteren: »Das Heraufziehen des Marxismus-Leninismus bedeutet, daß wir uns nicht auf eine gemächliche historische Entwicklung zu einer modernen politischen Wirtschaft verlassen können, wie es dem Westen vorschwebt. Die einfachen Antworten, welche diese Philosophie bietet, üben eine gewisse Faszination der Macht aus, besonders bei den politisch aktiven Eliten... Es ist paradox, daß ein System, das in der ganzen Welt so bedrückend klägliche wirtschaftliche Resultate hervorgebracht hat, gleichwohl von mehr als fünfzig Prozent der Regierungen der Welt übernommen wurde.«

Er argumentiert, daß nicht nur die Marxisten-Leninisten bei ihrem ideologischen Vorgehen »besonnen« sein sollten, denn der Wandel in der elementaren Sozialpolitik sei so wichtig, daß er nicht ihnen allein überlassen werden dürfe: »Dies ist bisher ihr Gebiet, aber wir müssen es zu erobern versuchen.« Und er kommt zu dem zwingenden Schluß: »Auch wir können denken und die Geschichte der entwikkelten Welt studieren, um zu verstehen, wie sich Aufhebung von Reglementierung, administrative Vereinfachung und gute makroökonomische Politik auf die Realität der Entwicklungsländer anwenden lassen, um eine Sprache zu schaffen, die sich die Mehrheit – eine Gruppe, von der die entwickelte Welt wenig weiß – zu eigen macht.

Auch Entwicklungsländer können von wirtschaftlich florierenden und politisch liberalen Systemen lernen. Menschen, die echte Antworten statt Dogmen wollen, müssen die Wirkkräfte begreifen und ihre Empfehlungen an jene mächtigen, neu auf der Bühne der Entwicklungsländer erscheinenden Akteure richten, deren Bemühungen der Grundstein für eine bessere Zukunft sind...«

All seine Recherchen deuteten auf die »zentrale Rolle einer effektiven demokratischen Regierungsform für das Gedeihen einer Wirtschaft« hin. »Wenn unsere Vorstellung von Demokratie sich nur auf periodische Wahlübungen beschränkt, dann ist sie zu eng, um den Erfordernissen wirtschaftlicher Gesundheit gerecht zu werden...«

Ich habe mir die Freiheit genommen, Hernando de Soto ausführlich zu zitieren, weil dies eine Denkart ist, die Südafrika dringend benötigt. Wir müssen Erfahrungen und realistische Analysen wie die seinen, die uns Hoffnung und Inspiration vermitteln, nutzen.

Wir sind immer noch in einer alptraumhaften Situation, in der die Schwarzen dieses Landes wirtschaftlich und politisch niedergehalten werden. Wie in Peru gibt es Gesetze, die potentielle schwarze Unternehmer verwirren und behindern und die Initiative ersticken.

Die Lage im Inneren ist schon schwierig genug, doch wirtschaftliche und politische Sanktionen von außen verstärken unsere Verzweiflung noch. Die Sanktionen haben die schwarzen Südafrikaner schwer getroffen. Der Niedergang der Wirtschaft (hauptsächlich natürlich mit der Regierungspolitik verbunden) hat für allgemeine Unsicherheit gesorgt. Das Know-how und die finanziellen Mittel der Weißen werden dem Land entzogen; das Interesse der internationalen Geschäftswelt am schwarzen Südafrika nimmt rapide ab, solange eine Firma nach der anderen das Land verläßt. Unsere Währung ist auf den internationalen Märkten zu einem Witz geworden.

Wenn ich mir die Wirkung der Sanktionen ansehe, kann ich nur zu dem Schluß gelangen, daß sie das Tempo, mit dem sich das wirtschaftliche Machtgleichgewicht zugunsten der Schwarzen verlagern kann, zweifellos verringern werden. Ich bin sehr zornig über die brutale Art, mit der gewisse südafrikanische und ausländische Lobbies für Sanktionen eintreten; sie diktieren, was für die schwarzen Südafrikaner »gut« ist, und setzen arrogant voraus, daß wir »bereit sind zu leiden«.

Wirtschaftliche Strafmaßnahmen bieten nach Ansicht des Westens die vielleicht einzige Möglichkeit, Abscheu über die Apartheid auszudrücken. Doch dies sind westliche Vorstellungen und Argumentationen, die wir als schwarze

Südafrikaner zurückweisen. Ich weiß die westliche Empörung über das Leid der Schwarzen unter der Apartheid zu schätzen, ebenso wie die humanitäre Anteilnahme und die moralischen Aussagen des Westens. Ich bezweifle jedoch, daß man im Westen den geringsten Begriff von den politischen Programmen gewisser Individuen und Organisationen innerhalb und außerhalb Südafrikas hat, die zu derartig blindem Handeln drängen.

Ich sehe mit wachsender Sorge, daß die westlichen Vorstellungen von Demokratie, Gerechtigkeit und Gleichheit von vielen in ihrer eigenen Heimat mit größter Sorgfalt in die Praxis umgesetzt werden, während man sie mit weit weniger Sorgfalt Südafrika aufpfropfen will. Durch die Verhängung von Sanktionen wird uns ein Diktat auferlegt, und ich würde dieses Wort nicht benutzen, wenn ein derartiges Vorgehen unseren Wünschen entspräche.

Deshalb ist es tragisch, daß die Freunde des südafrikanischen Befreiungskampfes die hinreichend dokumentierten Ansichten und Gefühle der meisten Schwarzen, die die Opfer der Apartheid sind, so sehr mißachten. (Ich werde in einem späteren Kapitel auf die Folgen der Apartheid eingehen.) Die Schwarzen lehnen Sanktionen und Desinvestition ab, weil sie wissen, daß eine Wirtschaft nicht wie ein Wasserhahn auf- und zugedreht werden kann. Sie wissen, daß verlorene Arbeitsplätze für immer verloren sein werden. Eine vor kurzem in den Ruhestand getretene Kämpferin gegen die Apartheid und für die Menschenrechte, Mrs. Helen Suzman, die am längsten als parlamentarische Oppositionspolitikerin Südafrika gedient hat, schrieb in einem Artikel in der *Washington Post:* »Es ist zweifellos unsinnig, die einzige Waffe stumpf zu machen, mit der Schwarze ihre Position am Arbeitsplatz und jenseits des Arbeitsplatzes verbessern können.«

Mein Kollege, Dr. Oscar Dhlomo, Generalsekretär der Inkatha sowie Bildungs- und Kulturminister von KwaZulu, drückte seine Ansicht über Sanktionen folgendermaßen aus: »Die Argumentation lautet offenbar, daß Sanktionen nicht Chaos, Gewalt, Unterdrückung, wirtschaftliche Depression, starke Arbeitslosigkeit und Armut hervorbringen, sondern zu Ordnung, Frieden, Demokratie, Wirtschaftswachstum und Befreiung führen werden. Aber die schwarzen Menschen möchten aufrecht stehend und nicht als Leichen oder arbeitslose Bettler befreit werden.«

Die Arbeitslosenzahl steigt weiterhin, und viele Schwarze haben Mühe zu überleben. James Leatt, stellvertretender Vizekanzler der Universität Kapstadt und Professor für Sozialethik, sagte 1988 in einer Rede vor Delegierten einer »Black Management Forum«-Konferenz, daß Südafrika »katastrophaler Arbeitslosigkeit« entgegensehe und daß die Bevölkerungsstatistik des Landes »wie eine Zeitbombe tickt«.

Professor Leatt erklärt, daß zwischen 33 und 44 Prozent der Arbeitskräfte Südafrikas (in der Mehrheit Schwarze) unter den gegenwärtigen Entwicklungstrends und Konjunkturindikatoren nicht im offiziellen Bereich der Wirtschaft untergebracht werden können. Er schätzt, daß die Hälfte aller arbeitsfähigen Südafrikaner um das Jahr 2000 beschäftigungslos sein werde, falls man keine neuen Arbeitsplätze schaffe (dies stimmt mit den oben erwähnten Ziffern des Direktoriums für Bevölkerungsentwicklung überein).

Er unterstreicht eine Tatsache, der kaum Beachtung geschenkt wird. Im Ausland geht das »nicht auszurottende Märchen« um, daß Südafrika ein relativ reiches Land sei – mit dem einzigen Problem, daß der Reichtum sich in den falschen Händen befinde.

»Ungeachtet dessen, wer den Wohlstand Südafrikas besitzt, ist dies ein vergleichsweise armes Land mit einem Pro-Kopf-Bruttosozialprodukt, das achtmal niedriger ist als das der Vereinigten Staaten und viermal niedriger als das Neuseelands.«

Südafrika, fährt er fort, sei ein Entwicklungsland, das mit dem doppelten Problem der Industrialisierung und der Demokratisierung ringe. Es gebe »erhebliches Vergleichsmaterial« dafür, daß die marktbezogene Industrieentwicklung der mächtigste Motor der Wohlstandserzeugung sei, den die Welt kenne. Wie schon Adam Smith feststellte, bestehe eine organische Verbindung zwischen Handel und Freiheit.

Wer von uns solche Ziffern, vorgelegt von Universitätslehrern wie Professor Leatt, ernst nimmt, wer von uns unter den Ärmsten der Armen leben muß, hat keine andere Wahl, als umgehend Wachstum und die Schaffung von Arbeitsplätzen im offiziellen wie im inoffiziellen Bereich zu fördern. Wir müssen uns an den Rat und die langjährige Erfahrung von Menschen wie Hernando de Soto halten, die erlebt haben, daß eine freie Marktwirtschaft und demokratische Prinzipien miteinander einhergehen können.

Wir sind darauf angewiesen, daß der Westen uns bei der wirtschaftlichen Entwicklung Südafrikas und beim gesellschaftlichen Aufstieg der Schwarzen hilft. Wir brauchen mehr Investitionen; wir brauchen mehr Märkte im Ausland; wir brauchen mehr Schulung; wir brauchen mehr Ausbildung und mehr soziale Entwicklungspläne.

Investitionskapital bringt unternehmerisches Knowhow, neue Technologien und, vielleicht am wichtigsten, neue Märkte mit sich. Kein Entwicklungsland, das immer noch mit den Problemen von Millionen Menschen belastet ist, die in einer Drittwelt-Wirtschaft am Rande des Existenzminimums leben, kann ohne beträchtliche ausländische Investitionen und die Möglichkeit zu effektivem nationalen und internationalen Handel echte Fortschritte erzielen.

Westliche Länder, die Sanktionen und Kapitalabzug fordern, behindern die wirtschaftliche und politische Entwicklung in Südafrika. Sie sollten einen prüfenden Blick auf das gesamte südliche Afrika werfen und begreifen, in welchem Maße die Aussichten auf Demokratie von der vorrückenden Armut südlich der Sahara verdrängt wurden.

Die Kräfte, die durch ausländische Investitionen geschaffen werden können, sollten diplomatische und materielle Hilfe für die fähigsten Gegner der Apartheid aufkommen

Mangosuthu G. Buthelezi

Treffen mit der britischen Premierministerin Margaret Thatcher und dem südafrikanischen Autor Sir Lawrence v. d. Post (oben)

Im Gespräch mit dem Industriellen Harry F. Oppenheimer (unten)

Gespräche mit bundesdeutschen Partnern: Bundeskanzler Helmut Kohl und Entwicklungsminister Warncke

Persönliche Atmosphäre beim Gespräch mit Ex-Präsident Ronald Reagan

Meinungsaustausch mit dem Präsidenten der Vereinigten Staaten, George Bush, . . . (oben)

. . . und dem Oberbürgermeister von Los Angeles, Tom Bradley (unten)

Angeregtes Gespräch mit Südafrikas renommiertem Schriftsteller Alan Paton . . . (oben)

. . . und dem schwarzen US-Präsidentschaftskandidaten Jesse Jackson (unten)

Meinungsaustausch mit Bundesaußenminister Hans-Dietrich Genscher . . . (oben)
. . . und dessen ehemaligem Amtskollegen Shimon Perez (unten)

In gutem Einvernehmen mit Dr. Robert A. K. Runcie, dem Erzbischof von Canterbury

lassen. Länder, welche die Vorzüge der freien Marktwirtschaft genießen, sollten keine Doppelmoral gegenüber Südafrika walten lassen und ihren Abscheu vor der Apartheid dadurch ausdrücken, daß sie die Gegner der freien Marktwirtschaft unterstützen. Es kommt mir widersinnig vor, doch genau das geschieht.

Ich wiederhole, daß die gewaltigen Mängel in Südafrika, vor allem hinsichtlich der schwarzen Mehrheit, nicht über Nacht behoben werden können, und dies muß sich jedermann klarmachen. Wir haben weder das Kapital noch die Handwerker und andere Fachleute, um die benötigten Häuser, Krankenhäuser, Kliniken und Schulen zu bauen. Wir haben nicht genug Lehrer, um die heranwachsenden Millionen zu erziehen. Wir haben nicht genug Ärzte.

Gleichgültig, ob von Lehrern, Pflegeberufen oder Handwerkern die Rede ist, es wird so lange dauern, weitere Kräfte auszubilden, daß der Bevölkerungszuwachs sich weiter verschlimmern und alle Probleme, die wir zu lösen suchen, verschärfen wird.

Die Rückstände sind enorm, worüber die verfügbaren Ziffern Aufschluß geben:

Laut dem Ministerium für Nationale Gesundheit und Bevölkerungsentwicklung könnte, wenn die jetzige Geburtenquote beibehalten wird, folgendes geschehen:

Südafrika wird im Jahre 2020 eine Bevölkerung von 47 Millionen Menschen haben. Zur Zeit verdoppelt die Bevölkerung sich alle 34 Jahre, und 56 von hundert Menschen sind immer noch Analphabeten. Das Analphabetentum unter südafrikanischen Frauen kann nur als entsetzlich bezeichnet werden, denn viele Millionen sind von ihm betroffen.

Wenn Südafrika bis zum Jahre 2000 Parität hinsichtlich der Ausbildungskosten für die verschiedenen Rassengruppen erreichen will, wird es achtzehn Prozent seines Bruttoinlandproduktes, verglichen mit gegenwärtig knapp über vier Prozent, aufwenden müssen. Zu diesem Zweck müßte die südafrikanische Wirtschaft jährlich um sieben Prozent wachsen. Infolge der Sanktionen und des Kapitalabzugs wird für 1989 nur ein Wirtschaftswachstum von zwei Prozent erwartet.

Die südafrikanische Regierung gesteht ihre Niederlage bereits ein. Der Zehnjahresplan zur Vereinheitlichung des Ausbildungsniveaus zwischen Schwarzen und Weißen bis zum Jahre 1999 ist laut dem damaligen Minister für Nationale Ausbildung (und jetzigen Staatspräsidenten) F. W. de Klerk »unerreichbar«. Das Wirtschaftswachstum des Landes »hat nicht genug Mittel hervorgebracht, um die nötigen Ausgabenerhöhungen zu ermöglichen. Obwohl Fortschritt erzielt wurde, haben Sanktionen und Kapitalabzug sowie andere Faktoren dazu beigetragen, daß der Plan nicht realisiert werden kann« (Südafrikanisches Institut für Rassenbeziehungen, *Social and Economic Update*, 30. April 1989).

Die neuesten verfügbaren Statistiken (1986) zeigen, daß der Durchschnittslohn von Schwarzen um 27,5 Prozent unter dem der Weißen liegt.

Das Südafrikanische Institut für Rassenbeziehungen berichtete in der genannten Publikation, daß rund 1,8 Millionen Menschen in »inoffiziellen« Siedlungen (das heißt als Squatter) um Durban leben. Im Gebiet von Pretoria, Witwatersrand und Vereeniging gibt es einen geschätzten Nachholbedarf von 350 000 bis 370 000 Einheiten im Wohnungsbau.

In dem Bericht heißt es weiter: »Etwa 71 Prozent der Afrikaner benötigen nach den neuesten, vom Nationalen Institut für Wohnungsbauforschung herausgegebenen Ziffern eine Beihilfe, um sich überhaupt irgendeine Behausung leisten zu können... Das Institut stellt auch fest, daß fünfundvierzig Prozent der gesamten afrikanischen Bevölkerung nicht den geringsten Beitrag zu den Wohnkosten aufbringen können; sie benötigen eine Beihilfe von hundert Prozent... Fast die Hälfte der afrikanischen Bevölkerung kann also in Anbetracht der derzeitigen Fahr- und Lebensmittelpreise immer noch keinen Beitrag zu den Wohnungskosten leisten. Diese Berechnungen gehen nicht vom Lohn, sondern vom verfügbaren Einkommen der Afrikaner aus...«

Verschiedenen Berichten zufolge wird man bis zur Jahrhundertwende jährlich viertausend neue schwarze Manager benötigen, doch nur durchschnittlich rund dreihundert Schwarze haben – zu welchem Zeitpunkt auch immer – Führungspositionen in etablierten Unternehmen in Südafrika inne.

Schwarze Verbraucher erwerben 54 Prozent der jährlich in Südafrika verkauften Nahrungsmittel, doch offizielle schwarze Einzelhändler haben nur einen Anteil von vier Prozent am Einzelhandelsumsatz bei Lebensmitteln.

Ich bin immer wieder erstaunt, wenn westliche Besucher Südafrikas, geblendet von der städtischen Fassade, zu schwärmen beginnen, daß für die hiesige Mehrheit ein westlicher Lebensstandard zu erreichen sei, wenn man die Apartheid nur erst abgeschafft habe.

Die Erste Welt genießt einen Luxus, von dem die Dritte Welt heute nicht einmal träumen kann. Es gibt nicht die geringste Aussicht, einen afrikanischen Kontinent zu schaffen, in dem der Pro-Kopf-Verbrauch von Rohstoffen und Energie auch nur annähernd mit demjenigen in Westeuropa und Nordamerika vergleichbar wäre. Wir müssen uns damit abfinden, daß die vorhandenen Rohstoffe einfach nicht ausreichen, um der ganzen Menschheit den Wohlstand der Westeuropäer und der Nordamerikaner zu ermöglichen.

Die Tatsachen lassen mir nur sehr nüchterne Alternativen. Ich werde alles tun, was getan werden kann und sollte, um das Leid meines Volkes zu lindern. Mit tiefem Entsetzen beobachte ich, daß äußerste Armut in vielen Gebieten zu einer erschreckenden Säuglingssterblichkeit führt. Ich weiß, wie verbreitet Mangelkrankheiten sind und daß Kwashiorkor, Pellagra und Tuberkulose in vielen Gegenden grassieren. Ich weiß von zahllosen Gebieten, in denen Dysenterie um sich greift, weil es keine sanitären Einrichtungen, zu wenig sauberes Wasser und nicht einmal minimale Hygienestandards gibt.

Alles in unseren Kräften Stehende muß getan werden, um das Leid dieser Ärmsten der Armen zu lindern. Deshalb kann ich mir keine ideologischen Spitzfindigkeiten leisten. Ich muß Pragmatiker sein.

Die mich umgebenden Realitäten machen mir nur zu eindringlich klar, daß wir nicht wagen können, die Möglichkeit zur Schaffung von Arbeitsplätzen und zur Erzeugung von Wohlstand in irgendeiner Weise zu mindern, denn jede Regierung der Zukunft würde über erhebliche finanzielle Mittel verfügen müssen, um das Problem der Armut in Südafrika zu bekämpfen. Die gesamte politische Geschichte lehrt mich, daß Ideologien nicht überleben können, wenn sie den Menschen nicht den Glauben an wachsenden Wohlstand geben.

Regierungen in einem künftigen Südafrika werden sich nur dann halten können, wenn das Volk meint, sein Leben habe sich infolge der Regierungspolitik verbessert. Eine Regierung, die alle Aussichten auf die Schaffung von Arbeitsplätzen und die Erhöhung des persönlichen Einkommens zerstört, wird einer Revolution zum Opfer fallen. Jede revolutionäre Regierung, welche die wirtschaftliche Lebensfähigkeit Südafrikas zerstört, wird Opfer einer Konterrevolution werden. Wir dürfen Südafrika nicht in eine Richtung drängen, in der es einem endlosen Zyklus von Revolutionen und Konterrevolutionen ausgesetzt sein wird.

Ich lehne jegliches ideologisches Denken ab und erkläre, daß wir uns nicht leisten können, auch nur entfernt an marxistische Lösungen für Südafrika zu denken. Keine Ideologie kann ein Südafrika hervorbringen, das den Menschen ein glückliches Leben ermöglicht, wenn sie nicht gleichzeitig eine Vorreiterrolle für die Wirtschaftsentwicklung innehat. Die sterilen ideologischen Konflikte der Vergangenheit, die von vielen Seiten ausgingen, sollten der Vergangenheit angehören. Jede Formulierung der heutigen Perspektive muß sich auf die heutigen Umstände stützen.

Wir müssen uns an erprobte Lösungen halten, denn wir sind Lebewesen, die menschlichen wie gesellschaftlichen

Schwächen unterworfen sind. Es gibt jenseits der Geschichte Afrikas zahlreiche historische Beispiele, von denen wir lernen müssen.

Jegliche menschliche Erfahrung hat, wie ich glaube, gezeigt, daß allein die Werte der Demokratie vernünftig und gerecht genug sind, um ein Land unversehrt und funktionsfähig bleiben zu lassen.

Eine visionäre, auf Südafrika zugeschnittene Politik ist geboten. Sie wird Disziplin, konsequentes Denken und kühne Analysen erfordern. Wir müssen uns sofort auf sie konzentrieren, denn wir haben keine Zeit, der ohnehin sterbenden Apartheid genußvoll einen Todesstoß nach dem anderen zu versetzen. Wir müssen als erstes planen, was nach der Apartheid geschehen soll.

Wir müssen uns spezifisch südafrikanischen Wirtschaftsfragen widmen, ohne den weiteren Rahmen des gesamten südlichen Afrikas außer acht zu lassen. Die Rettung Südafrikas muß sich in diesem weiteren Rahmen vollziehen.

In diesem Land spielt sich ein politischer und wirtschaftlicher Prozeß ab, in dem die schwarze Verhandlungsposition durch strukturelle Faktoren gestärkt wurde. Man kann keine sich ausweitende Industrie betreiben, in der die Minderheit weiß und die Mehrheit schwarz ist. Es war nur der wirtschaftlichen Expansion zu verdanken, daß die Schwarzen nicht zu Holzhauern und Wasserträgern deklassiert wurden.

Die schwarzen Südafrikaner haben erlebt, in welchem Maße wirtschaftliche Gebote es unumgänglich werden ließen, die Apartheid auch von innerhalb der Landesgrenzen zu bekämpfen. Es waren wirtschaftliche Notwendigkeiten, die zum Reformprogramm der südafrikanischen Regierung führten und den früheren Staatspräsidenten P. W. Botha veranlaßten, mehr für den Wandel zu tun als jeder seiner Vorgänger. Wirtschaftliche Notwendigkeiten machen Schwarze und Weiße voneinander abhängig, und genau dies ist es, was die Apartheid verhindern sollte.

Die schwarze Verhandlungsposition ist nun derart gefestigt, daß die Weißen ihr nichts mehr entgegenzusetzen haben. Sie sind völlig von den Schwarzen abhängig. Keine Stadt kann ohne Schwarze verwaltet werden. Der gesamte Produktionsprozeß des Landes steht und fällt mit den Schwarzen. Und heute werden nicht nur einfache schwarze Arbeitskräfte benötigt. Es gibt in keinem Bereich genug weiße Kontrolleure, Techniker und sonstige Fachleute, um die Produktionskapazitäten Südafrikas zu optimieren.

Noch bedeutsamer ist vielleicht, daß es nicht nur um die Besetzung zukünftiger Arbeitsplätze mit Schwarzen geht, sondern auch darum, daß die Weißen nun auf die Schwarzen angewiesen sind, um ihren Lebensstandard zu halten. Ebendies festigt die Verhandlungsposition der Schwarzen. Gleichzeitig gibt es jedoch eine ausgleichende wirtschaftliche Abhängigkeit der Schwarzen von den Weißen. Beide benötigen einander. Dies bedeutet, daß wir lernen müssen, miteinander zu leben. Ich meine, wir sind dazu imstande.

An dieser Stelle muß angemerkt werden, daß heute in Südafrika keine einzige Fabrik geschlossen wird, weil die schwarze Politik ausschließlich auf eine künftige Vielparteiendemokratie mit einer freien Marktwirtschaft abzielte und den südafrikanischen »Way of life« völlig zerstören wollte. Vielmehr will die schwarze Politik den Status quo anerkennen und ihn positiv beeinflussen.

Wir müssen lernen, einander nicht nur zu tolerieren, sondern eine Partnerschaft aufzubauen, in der wir uns gemeinsam bemühen, Armut, Bildungsmangel und Krankheit zu besiegen.

Wir müssen lernen, miteinander all das anzustreben, was die endgültige völlige Gleichheit vor dem Gesetz und der Verfassung und die völlige Chancengleichheit garantiert. Die letztere ist ganz und gar von den beiden ersteren abhängig.

Ich kehre also wieder zu der Tatsache zurück, daß Schwarze und Weiße in Südafrika eine nationale Anstrengung unternehmen müssen, um Erfolg zu haben, denn ein Scheitern im Kampf gegen Armut, Bildungsmangel und Krankheit würde allen eine trostlose Zukunft bescheren.

Es gibt so vieles in Südafrika, was mit Entschiedenheit angegangen werden muß, und in lebenswichtigen Fragen wird man häufig kompromißlose Standpunkte beziehen müssen. Es geht um Leben und Tod.

Die Zeit ist reif für innovatives wirtschaftliches Denken und politisches Handeln innerhalb und außerhalb Südafrikas. Wir müssen zu planen beginnen, und wir müssen dabei praktisch sein. Die Epoche der Ideologie nähert sich ihrem Ende; nun wird es Zeit, daß die Pragmatiker die Ärmel hochkrempeln und sich an die Arbeit machen.

Die Tage, an denen weiße Geschäftsleute in Südafrika den Geboten der Regierung folgten, sind vorbei. Im Bergbau, Handel, in der Industrie und im Bankwesen des Landes fallen die Interessen der afrikaanssprachigen und der englischsprachigen Südafrikaner immer stärker zusammen. Führende Industrievertreter fordern jetzt einmütig ein neues Südafrika. Sie sehen nun ein, daß sie früher, als sie sich an die Arbeitspraktiken der Apartheid und sonstige rassistische Gesetze hielten, an der Untergrabung des marktwirtschaftlichen Systems mitwirkten.

Die Großindustrie hat nun sehr deutlich erklärt: »Keinen Schritt weiter!« Bergbau, Bankwesen, Handel und Industrie bereiten sich heute auf ein Südafrika vor, in dem es keine rassische Exklusivität für Weiße gibt. Sie peilen einen Markt an, der von schwarzen Interessen bestimmt wird.

In Handel und Industrie ist nicht mehr strittig, ob es Reformen geben sollte. Man hat sich bereits völlig auf Reformen eingestellt. Diese Bereitschaft läßt es um so tragischer erscheinen, daß wir auf dem Weg zu einem neuen Verfassungsentwurf und zur Schaffung einer besseren Zukunft noch nicht weiter fortgeschritten sind.

4. Die »stille Revolution« des schwarzen Südafrika

Einer der größten Irrtümer der Welt
ist die Hoffnung, daß alle denkbaren Übel
durch Gesetzgebung zu beheben seien.
Thomas B. Reed (1839–1902)

Wenn ich meine Gedanken über die Wirtschaft und die schwarzen Standpunkte im heutigen und in einem künftigen Südafrika ohne Apartheid fortführe, muß ich zugeben, daß viele unserer Gewerkschaftsführer sich zum Sozialismus der einen oder anderen Art bekennen. Die Großindustriellen wissen nur zu gut, daß dies mit der spürbaren und sehr realen früheren Beziehung zwischen Kapitalismus und Apartheid zu tun hat.

Dr. Zach de Beer, ein früherer Direktor der Anglo American Corporation, der mittlerweile wieder die Oppositionspolitik unterstützt, meint, die Großindustrie habe den Arbeitern noch nicht bewiesen, daß sie viele Vorteile aus der freien Marktwirtschaft ziehen würden. Voraussetzung dafür seien jedoch der Aufstieg von Schwarzen in Handel und Industrie, eine faire Lohnpolitik und die Schaffung von annehmbaren Bedingungen am Arbeitsplatz und im Privatbereich.

Ich bin nicht im geringsten überrascht, wenn ich sehe, daß mein eigener anglikanischer Erzbischof, Desmond Tutu, mit den Worten »Ich hasse den Kapitalismus« zitiert wird. Während eines Besuches in Schanghai sagte Erzbischof Tutu in einem Interview: »Ich verabscheue den Kapitalismus. Die Art und Weise, wie der Westen in dieser Frage der Apartheid vorwiegend gehandelt hat, gibt mir keinen Anlaß, meine Meinung über den Kapitalismus ändern zu wollen. Ich selbst würde eine Form des Sozialismus vorziehen« (*Business Day*, 11. August 1986).

Cyril Ramaphosa, Generalsekretär der Nationalen Bergarbeitergewerkschaft, drückte sich in einem Interview mit Michael Albeldas und Alan Fischer noch unverblümter aus, als er gefragt wurde: »Gibt es eine Vertrauensgrundlage zwischen Gewerkschaften und Großindustrie?«

Mr. Ramaphosa erwiderte: »Vertrauen? Ich persönlich traue keinem Kapitalisten, denn wir haben unterschiedliche Wellenlängen ... Ich kann keinem Mann trauen, der jede Person auf der Straße als einen Arbeiter betrachtet, der jede Situation nur auf ihren Profit hin abschätzt ... Ich glaube, daß die meisten Gewerkschaftsführer den Kapitalisten nicht trauen.«

In einem Interview für dasselbe Buch *(A Question of Survival)* wurde Phiroshaw Camay, Generalsekretär des Gewerkschaftsrats von Südafrika, gefragt: »Meinen Sie, daß die meisten Schwarzen in Südafrika ein sozialistisches Wirtschafts- und politisches System heute einem kapitalistischen vorziehen?«

Mr. Camay antwortete: »Also, ich glaube, zur Zeit sagen die Leute, daß Apartheid und Kapitalismus synonym seien. Weil die Apartheid ein schlechtes System ist, gilt folglich auch der Kapitalismus als schlecht. Die Menschen plappern Parolen über den Sozialismus nach, ohne wirklich zu wissen, was sie mit Sozialismus oder einem Einparteienstaat meinen.«

Ich selbst entgegnete den Autoren des Buches auf dieselbe Frage: »Ich weiß, daß es Organisationen gibt, die von einer sozialistischen Zukunft reden. Aber in Wirklichkeit sind es die Theoretiker in diesen Organisationen, die eine solche Idee ›verkaufen‹. Insgesamt arbeiten Hunderttausende von schwarzen Menschen in der freien Marktwirtschaft. Meiner Meinung nach kann man im Moment nicht sagen, daß die Schwarzen kein marktwirtschaftliches System wollen. Ich glaube, der Eindruck, daß wir vielleicht ein sozialistisches System wollen, wäre voreilig. Meiner Ansicht nach würden die Schwarzen in diesem Land – sogar diejenigen, die den Sozialismus, wie ich, zu irgendeinem Zeitpunkt ihres Lebens bewunderten – aufgrund der Realitäten zu dem Schluß kommen, daß wir kein anderes System kennen, das eine so wirksame Entwicklungskraft darstellt wie das marktwirtschaftliche, kapitalistische System.«

Dann gab ich meiner Sorge Ausdruck – und dies gilt noch heute –, daß nicht genug Schwarze an der freien Marktwirtschaft beteiligt sind; ihnen muß unbedingt Zugang verschafft werden. Wenn die Schwarzen sich nicht als Teil der freien Marktwirtschaft fühlen, werden sie das System ablehnen. Dies liegt auf der Hand.

Die Großindustrie hat überwiegend akzeptiert, daß den Schwarzen ein rascher Aufstieg geboten werden muß. Die Anglo American Corporation erklärt, sie arbeite auf das Ziel der Chancengleichheit und auf die Anpassung an die Bedürfnisse und Hoffnungen einer neuen südafrikanischen Gesellschaft hin. Eine andere Frage ist jedoch, was die Geschäftswelt als solche unternimmt, und es gibt keinen Zweifel, daß die bestehenden Programme beschleunigt werden müssen. Selbst das, was angeblich unternommen wird, würde nicht ausreichen.

Gavin Relly, der Präsident von Anglo American, meint, Südafrika mit all seinen Kontrollen sei kein gutes Beispiel einer freien Marktwirtschaft; man müsse mehr tun, um den Südafrikanern die Idee »schmackhaft« zu machen. »Ein marktwirtschaftliches System ist das Ziel, das wir gegenwärtig anstreben, und es enthält zusätzlich die lebenswichtige Idee der freien Wahl.«

Er setzte hinzu, daß die Reformen sich nicht auf den politischen Bereich beschränken, sondern auf den geschäftlichen Sektor ausgeweitet werden sollten. Die Geschäftsleute müßten die nichtrassische Wechselwirkung fördern, um das Wirtschaftswachstum zu erleichtern und den Interessen der Gesellschaft als Ganzem zu dienen.

Welche Rolle spielen gewöhnliche Schwarze mittlerweile in der Wirtschaft Südafrikas, in unseren Städten und Dörfern? Liefern ihre gegenwärtigen Bemühungen nicht einen Hinweis auf unsere Zukunft?

Ich glaube, wie erwähnt, daß Politik und Wirtschaft untrennbar miteinander verknüpft sind, und es wird bereits eingeräumt, daß nicht Politiker, nicht Gewerkschaftsführer, nicht Kirchenvertreter, sondern gewöhnliche schwarze Männer und Frauen in einer fast »stillen Revolution« das politische und wirtschaftliche Antlitz Südafrikas verändert haben.

Ungeachtet des »Gesetzes über die Gebietseinteilung für die Bevölkerungsgruppen« (Group Areas Act) haben Millionen von Schwarzen ihre Sachen gepackt und sind von dort weggezogen, wo die Apartheid sie über so viele Generationen hinweg zusammengepfercht hatte. Sogenannte »weiße« Städte sind durch gewaltige schwarze Siedlungen an ihren Grenzen buchstäblich über Nacht »schwarz« geworden. Andere haben sich in einst »nur Weißen vorbehaltenen« Wohnhäusern und in den Vorstädten niedergelassen.

Nur brutale Gewalt von seiten der Kräfte des Rassismus könnte die Schwarzen zeitweilig aus diesen Gebieten vertreiben. Doch solche Brutalität würde wahrscheinlich scheitern, denn sie wäre eine grobe Verletzung des menschlichen Anstandes. Manche meinen, die Regierung habe solche Pläne im Grunde aufgegeben. Ich hoffe, sie haben recht.

Diese schwarzen Männer und Frauen, zusammen mit ihren Kindern, haben die Gestalt der Apartheid in Südafrika für immer verändert. Sie haben sich unmerklich, voll Entschlossenheit und Mut durchgesetzt.

Der nächste Schritt besteht natürlich darin, daß sie – zu Recht – fordern werden, an der Verwaltung dieser Gebiete teilzuhaben. Dies ist nur eine Frage der Zeit. Hier wird der soziale Wandel auf den politischen Bereich übergreifen.

Man schätzt, daß die Schwarzen zur Zeit nur etwa 50 Prozent der städtischen Bevölkerung des Landes ausmachen, doch daß sie die Weißen um die Jahrhundertwende im Verhältnis von drei zu eins übertreffen werden.

John Kane-Berman, der Geschäftsführer des Südafrikanischen Instituts für Rassenbeziehungen (SAIRR), beschrieb die Kommunalverwaltung in einer Rede in Amsterdam zutreffend als den »weichen Unterbauch« der politischen Apartheid *(The Natal Mercury*, 20. Juni 1989).

Mr. Kane-Berman schilderte, daß die Hälfte der Bewohner des angeblich weißen zentralen Geschäftsbezirks von Johannesburg aus Schwarzen besteht, die sich dort illegal aufhalten; jeweils sieben von zehn in der Johannesburger Innenstadt ausgegebenen Rand kommen aus schwarzen Taschen.

»Es ist albern zu glauben, daß diese Stadt, die mit jedem Tag schwärzer wird, auf Dauer von einem lilienweißen Stadtrat verwaltet werden kann«, sagte Mr. Kane-Berman. »Die Kommunalbehörden dürften eine Lektion lernen, die Arbeitgeber in ihren Fabriken bereits vor langer Zeit lernten: Man kann eine Stadt nicht ordnungsgemäß verwalten, wenn man glaubt, nur den weißen Bewohnern gegenüber rechenschaftspflichtig zu sein, obwohl diese einen ständig abnehmenden Prozentsatz der Menschen des Zuständigkeitsbereiches ausmachen – genausowenig wie man eine Fabrik ordnungsgemäß führen kann, wenn man nur mit den weißen Gewerkschaften redet und die schwarzen ignoriert.«

Schwarze Arbeiter begannen vor mehr als zwei Jahrzehnten, auf ihren Rechten am Arbeitsplatz zu bestehen. Die Arbeitgeber mußten sich infolge von Streiks und der Mobilisierung der Gewerkschaften zu der Erkenntnis durchringen, daß ein umfassender Dialog nicht zu vermeiden ist. Wenn die Weißen wollten, daß ihre Fabriken weiterproduzieren konnten, mußten sie mit den Schwarzen verhandeln. Die schwarzen Südafrikaner sind schrittweise in weiße politische, soziale und wirtschaftliche Bereiche vorgedrungen.

Mr. Kane-Berman resümierte die Verhältnisse zutreffend vor seinem Publikum in Amsterdam: »Ein Südafrika ohne Apartheid wird nicht von irgendeiner künftigen Regierung durch Gesetzgebung geschaffen werden: Es wird bereits an der Basis geschaffen, weitgehend durch die Aktionen gewöhnlicher Menschen, die die Apartheidgesetze undurchführbar gemacht haben.«

Während ich dieses Buch, meine »Vision« der Zukunft Südafrikas, abfaßte, berücksichtigte ich natürlich auch die Meinungen anderer. Allzu häufig werden in diesem Land nur diejenigen gehört, die ihre eigenen politischen Programme haben, und ich wollte das deutlich machen, was »gewöhnliche« schwarze Männer und Frauen unternehmen. Ihre Bemühungen sind in der Tat außergewöhnlich, und die Zukunft Südafrikas wird von ihnen durch die erwähnte »stille Revolution« gestaltet.

Diese Revolution findet heute in Städten und Ortschaften, Fabriken, Läden, Schulen, Universitäten, im öffentlichen Verkehr, an Stränden und in Kinos statt. Das alles treibt das Land einer multirassischen Zukunft entgegen, in der die Schwarzen, wie sie bereits bewiesen haben, bereitwillig an der freien Marktwirtschaft mitwirken werden, wenn sie die Gelegenheit dazu erhalten.

Das SAIRR weist auf eine Reihe äußerst wichtiger Beispiele für diese »stille Revolution« hin, die meiner Ansicht nach sehr treffend zeigen, wie gewöhnliche Schwarze die Apartheid auf friedliche Weise abbauen und einen konstruktiven Beitrag in den zuvor von Weißen beherrschten sozialen und wirtschaftlichen Bereichen leisten. Sie nehmen freiwillig und aktiv, wann immer sie können, an der freien Marktwirtschaft teil. Dies ist ein gutes Omen und sollte denjenigen als Quelle der Inspiration dienen, die auf eine sichere und blühende Zukunft für dieses Land hinarbeiten.

Es sollte auch eine klare Botschaft für die Revolutionäre sein. Die schwarzen Südafrikaner benötigten keine Gewehre, keine inszenierten Umwälzungen und starren ideologischen Anweisungen von politischen Aktivisten, sondern nur die Entschlossenheit, die Apartheid auf ihre Weise zu zerstören. Und diese Entschlossenheit ist überreichlich vorhanden.

Mr. Kane-Berman erläuterte in einem von ihm angefertigten Dokument den »tiefgehenden Prozeß« dieser »stillen Revolution«. Ich entnehme daraus die folgenden Beispiele, die deutlich zeigen, daß die Handlungen gewöhnlicher Männer und Frauen von einer stetigen Erosion der Apartheid begleitet wurden:

Group Areas Act: Nach verschiedenen Schätzungen liegt die Zahl der Schwarzen, die illegal in weißen Gebieten wohnen, zwischen 100 000 und 250 000. Ein weiteres Beispiel dafür, wie der Wandel in Südafrika nicht von der politischen Führung, sondern von dem »Mann auf der Straße« bewirkt wird: Schwarze ziehen gerade ungeachtet des Gesetzeswortlauts nach Hillbrow in Johannesburg, Woodstock in Kapstadt und in andere weiße Vorstädte.

Passgesetze: Die Erosion der Apartheid wird auch durch das Schicksal der Paßgesetze belegt, die 1986 aufgehoben wurden, nicht weil die Regierung dies wünschte, sondern weil sie undurchführbar waren. Schwarze Südafrikaner weigerten sich einfach, den Anordnungen zu folgen, und kehrten trotz des Risikos von Verhaftung und Strafverfolgung wiederholt in »weiße« Gebiete zurück, um sich dort niederzulassen und zu arbeiten. Crossroads, eine gewaltige Squattersiedlung in Kapstadt, ist ein klassisches Beispiel. Jahr um Jahr versuchten die Behörden, die Menschen zurück in die Ciskei und die Transkei zu schicken. Aber diese Menschen stiegen einfach aus den Bussen oder Zügen und kehrten sofort nach Kapstadt zurück, so daß die Behörden sich letztlich geschlagen gaben und die Existenz von Crossroads zuließen. Die Schwarzen hatten auf eindrucksvolle Weise mit den Füßen abgestimmt.

Urbanisierung: Südafrika erreicht das Stadium, in dem die städtische Bevölkerung die ländliche Bevölkerung zum erstenmal an Zahl übertrifft. Beispielsweise ist Durban eine der am schnellsten wachsenden Städte der Welt, mit einer jährlichen Zunahme von etwa 8 Prozent. Wenn dieser Wachstumstrend anhält, wird Durban im Jahre 2000 genauso viele Bewohner haben wie das heutige Groß-London. Eine der Folgen umfassender Urbanisierung besteht darin, daß sich konzentrierte Märkte für Konsumgüter herausbilden. Im Moment ist die Zahl städtischer Schwarzer und Weißer ungefähr ausgeglichen, doch um das Jahr 2000 wird es in den Städten dreimal mehr Schwarze als Weiße geben.

Ausbildung: Zwischen den Jahren 1955 und 2000 wird die Zahl von Afrikanern, die Zulassungsprüfungen zum Universitätsstudium ablegen, nach gegenwärtigen Trends um nicht weniger als 40 000 Prozent wachsen. Zur Zeit ist etwa die Hälfte der sich in diesem Land Immatrikulierenden schwarz. Im Jahre 2000 werden sieben von zehn Studienanfängern schwarz sein. Man kann bereits abschätzen, wie dies die rassischen Komponenten im Hochschulwesen verändern wird. Im Jahre 1966 waren 11 Prozent der Universitätsstudenten in Südafrika schwarz; im Jahre 1986 waren es 40 Prozent. Dies hat bereits wichtige Konsequenzen für das Profil der auf mittlerer Ebene Tätigen. Im Jahre 1965 waren es zu 20, im Jahre 1985 zu 40 Prozent Schwarze. Die sich ändernde Zusammensetzung des intellektuellen Kapitals ist ein überaus wichtiger Bestandteil der »stillen Revolution«. Universitäten haben nun die Freiheit, eigene Aufnahmeverfahren zu entwickeln, und Privatschulen sind praktisch nicht mehr nach Rassen getrennt. Seit kürzerem brauchen auch Technische Hochschulen sich nicht mehr an von der Regierung festgelegte Rassenbeschränkungen zu halten. Die Voraussage ist berechtigt, daß weiße Lehrerausbildungsstätten, die zur Zeit strenger Rassentrennung unterworfen sind, in den nächsten Jahren einigen Spielraum für die Aufnahme Menschen anderer Rassen erhalten werden.

Konsumausgaben: 80 Prozent des in Südafrika konsumierten Alkohols, um ein Beispiel zu nennen, werden von Schwarzen getrunken. Allein die Afrikaner im Gebiet von Pretoria, Witwatersrand und Vereeniging trinken täglich mehr Alkohol als sämtliche Weiße des ganzen Landes. »Castle« ist eine der umsatzstärksten Biermarken der Welt, und zwar nahezu ausschließlich deshalb, weil es das von den Schwarzen in Südafrika bevorzugte Bier ist. Die Autovermietung »Avis« hat ihre erste Filiale in einem schwarzen Gebiet, nämlich in Soweto, eröffnet. Schwarze Familien mieten sich nun Autos zu Wochenendtarifen – ein völlig neues Phänomen für das hiesige Vermietungsgeschäft. Eine weitere interessante Ziffer: Zwischen 85 und 95 Prozent der Wochenendausgaben in den Geschäften des feudalen Johannesburger Carlton Centre werden von Schwarzen bestritten.

Einkommensverteilung: Im Jahre 1960 belief sich der Anteil der Weißen am gesamten verfügbaren Einkommen in Südafrika auf 63 Prozent, doch bis zum Jahre 2000 wird ihr Anteil auf 43 Prozent sinken.

Wohnungsbau: Im Jahre 1982 galten 13 Prozent aller von Kommunalbehörden verabschiedeten Baupläne dem Wohnungsbau für Schwarze; im Jahre 1988 lag die Ziffer bei 57 Prozent. Eine Bausparkasse meldet, daß ein Viertel aller täglich vergebenen Hypotheken von Schwarzen in Anspruch genommen wird. Der kleine Bauunternehmer wird in der schwarzen Geschäftswelt die Geschichte vom großen Erfolg schreiben.

Schwarze Taxis: Einigen Analytikern zufolge entsprechen die Investitionen in diese Industrie denen von zwei großen Goldbergwerken, und die von schwarzen Taxis hervorgebrachte Arbeitsplätzezahl ist mit der von zehn Goldbergwerken gleichzusetzen. Zudem soll der tägliche Benzinverbrauch der schwarzen Taxiindustrie nur dem der Regierung nachstehen. Die schwarze Taxiindustrie hat begonnen, etablierte Teile des Verkehrswesens zu verdrängen. Die Southern Africa Black Taxi Association (SABTA) hat sich kürzlich um einen Taxidienst für Weiße in dem exklusiven Vorort Sandton, bei Johannesburg, beworben. Sie erwägt nun, ihr Geschäft international auszuweiten und einen Taxidienst in Maputo, Mosambik, anzubieten. Taxis spielen eine wichtige Rolle für die Beförderung zu Einkaufszentren in Soweto und anderswo. In Pietersburg im nördlichen Transvaal weigerte der Stadtrat sich unlängst, einen schwarzen Taxistand zu genehmigen, doch die drei größten Supermärkte der Gegend liegen nun im Wettbewerb miteinander, um Taxistände neben ihren Geschäften einzurichten, da sie stark an den Kunden interessiert sind, die die Taxis aus den benachbarten schwarzen Townships herbeibringen werden. Die Chefs der Supermärkte wissen etwas, was der Stadtrat noch nicht begreift: daß ihre Zukunft von schwarzen Kunden abhängt.

Gewerkschaften: Vor nur ein paar Jahren gehörten 250 000 Arbeiter in Südafrika multirassischen Gewerkschaften an. Heute sind es 1,5 Millionen. In den siebziger Jahren waren schwarze Gewerkschaften nicht illegal, doch die Regierung war ihnen nicht gewogen und bot ihnen keinen gesetzlichen Schutz oder offiziellen Status. 1972/73 schlossen sich ihnen trotzdem Zehntausende von schwarzen Arbeitern an, zunächst im Gebiet von Durban und Pinetown, dann im übrigen Lande. Dabei ließen sie sich von Schikanierungen durch die Arbeitgeber und durch die Sicherheitspolizei nicht beeindrucken. Schließlich sah die Regierung ein, daß schwarze Gewerkschaften ein bleibendes Phänomen sind, und gewährte ihnen den angestrebten gesetzlichen Status.

Mr. Kane-Berman unterstreicht, daß diese »stille Revolution« nicht von den »politischen Eliten«, sondern von gewöhnlichen Männern, Frauen und manchmal sogar Kindern vollzogen wurde.

Die gewöhnlichen schwarzen Südafrikaner folgen nicht dem Beispiel der Regierung und der politischen Aktivisten, sondern sie setzen diesen vielmehr ein Beispiel, was die gesellschaftliche und wirtschaftliche Umwandlung des Landes betrifft. Die Regierung kann versuchen, dem Marsch Einhalt zu gebieten, aber es wird ihr nicht gelingen. Der Wandel ist unumkehrbar, wie die Bürger von Boksburg zu ihrem Schaden herausfanden, als der weiße Stadtrat der Konservativen Partei die Uhr zu den Tagen der strengen Rassentrennung zurückdrehen wollte. Daraufhin boykottierten viele Schwarze in diesem Gebiet die Geschäfte der Weißen, so daß viele Firmen Bankrott machten.

Die Änderungen in Südafrika haben sich zuerst an der Basis vollzogen, und das Parlament hat die Gesetzgebung erst im nachhinein der neuen Realität angepaßt.

Zum Beispiel berät das Parlament zur Zeit über eine Gesetzgebung, die die Stellung von Schwarzen in einigen faktisch »gemischten« Gebieten des Landes legalisieren soll. Die Zusätze zur Liberalisierung des Group Areas Act werden nur deshalb eingebracht, weil dieses Gesetz in der Praxis ohnehin kaum noch funktioniert.

Mr. Kane-Berman merkt an: »Die strategische Folgerung für Menschen, die in diesem Land einen Wandel bewirken wollen, besteht darin, die Regierung nicht um bestimmte Maßnahmen zu bitten, sondern selbst aktiv zu werden – wie es im Falle des Group Areas Act, der Gewerkschaften, der Paßgesetze usw. geschah. Man kann recht zuversichtlich sein, daß die Regierung, wenn man an Ort und Stelle eine neue Situation geschaffen hat, die Gesetzgebung bald der neuen Realität angleichen wird.«

Dieser Prozeß des sozialwirtschaftlichen Wandels greift natürlich auch auf den politischen Bereich über. Die Regierung hat etliche Male von der offiziellen Apartheidpolitik abrücken müssen, und dies wird auch in Zukunft der Fall sein.

In einem Zeitungsartikel wurde Adriaan Vlok, der Minister für Recht und Ordnung, mit den auf einer öffentlichen Veranstaltung in Standerton geäußerten Worten zitiert, daß »der Kampf für die Apartheid eine verlorene Sache ist«. Er fuhr fort: »Dies ist der Standpunkt der Nationalen Partei, dem ich mich anschließe. Die Apartheid entspricht nicht mehr der Politik der Nationalen Partei.« Die Partei werde sich »an die Gemäßigten wenden«, um eine politische Lösung zu erreichen, die für eine vernünftige Mehrheit akzeptabel sei. Die Nationale Partei benötige ein Wählermandat, um mit gemäßigten und vernünftigen Menschen ein neues Verfassungssystem auszuarbeiten. Dies werde nicht leicht sein, denn die Regierung werde mit Menschen Gespräche führen müssen, die »meinen, in der Vergangenheit ungerecht behandelt worden zu sein ...« (*The Citizen,* 1. August 1989).

Noch vor drei Jahren wären Erklärungen wie diese von einem Regierungsminister undenkbar gewesen.

Die Regierung gibt langsam zu, daß sie nicht die Macht hat, die Apartheid aufrechtzuerhalten und den schwarzen Widerstand niederzuwerfen – nicht einmal, wenn immer wieder der Ausnahmezustand ausgerufen wird.

Schicht um Schicht der Apartheid wird vom Gemeinwesen Südafrikas abgestreift. Die alten Apartheiderklärungen, daß Schwarze sich nur zeitweilig in »weißen« Gebieten aufhalten könnten, sind zu einer überholten Farce geworden, seit sich die Wirtschaft auf die Arbeitskraft schwarzer Umsiedler stützt.

Man hört häufig Klagen darüber, wie kompliziert die Situation in Südafrika sei. Dies trifft zu, doch auch komplizierte Dinge können analysiert werden. Allerdings muß man sich Zeit nehmen, um Auswege aus einer komplizierten Situation zu finden. Wenn dies gelingt, hat man häufig die Wahl zwischen mehreren konstruktiven Lösungen. Die Kompliziertheit der südafrikanischen Situation ermöglicht eine Vielfalt von Anstößen, die zur Verwirklichung des Wandels beitragen können. Ein Beispiel sind die beschriebenen Aktionen von Durchschnittsbürgern.

Als ein führender schwarzer Politiker betrachte ich die Kompliziertheit der südafrikanischen Situation also eher als eine Herausforderung, der wir begegnen können. Zunächst jedoch müssen wir eine Reihe von Dingen klarstellen.

Wenn wir Südafrika nach der völligen Abschaffung der Apartheid betrachten, sollten wir uns zuerst auf das zeitliche Element konzentrieren. Diese Notwendigkeit liegt auf der Hand, wenn man weiß, wie viele schwarze Südafrikaner völlig überzeugt sind, daß die Apartheid totgeweiht ist und daß wir *unzweifelhaft* eine neue Gesellschaft haben werden, die allen Bürgern die gleichen politischen Rechte bietet. Die Apartheid ist für uns nicht unüberwindlich, was ich durch die Beschreibung einiger Aktionen normaler schwarzer Männer und Frauen zu zeigen versucht habe.

Wir haben die Granitfassade der Apartheid früherer Jahrzehnte nach und nach zum Abbröckeln gebracht. Das Burentum ist nicht mehr in sich geschlossen. Die Nationale Partei ist nicht nur unversöhnlich mit der rechten Konservativen Partei verfeindet, sondern auch innerhalb der Nationalen Partei wetteifern »verligte« (liberale) und »verkrampte« (konservative) Fraktionen miteinander darum, die Politik des Staates aus den Reihen der Parteiausschüsse zu bestimmen.

Als Schwarze wissen wir, daß es ein reines Hirngespinst ist, wenn Weiße glauben, daß die gegenseitige Abhängigkeit von Schwarzen und Weißen in der Wirtschaft beseitigt werden könne. Dies verleiht uns eine Verhandlungsstärke, die sich nur steigern kann, während die Abhängigkeit der Weißen von den Schwarzen zu einem überwältigenden politischen Faktor wird. Gegenseitige wirtschaftliche

Abhängigkeit muß zu gegenseitiger politischer Abhängigkeit führen. Das wissen wir.

Wenn ich auf die Notwendigkeit verweise, den Zeitfaktor im Auge zu behalten, meine ich vor allem die zeitliche Verschiebung zwischen den Realitäten in Südafrika und ihrer Darstellung. Mir scheint, daß die Medien im allgemeinen rund zwei Jahre hinter der realen politischen Bewegung in diesem Land herhinken. Sie können einfangen, was ein Politiker heute unternimmt, aber sie haben sich bei der Voraussage dessen, was morgen in der Politik geschehen wird, als hoffnungslos erwiesen.

Die Schlacht für die Gewerkschaftsrechte der Schwarzen wurde nicht an dem Tag begonnen, da man die Gesetzgebung änderte, um den schwarzen Gewerkschaften offiziellen Status zu verleihen. Die Schlacht wurde nicht an dem Tag gewonnen, da die Regierung einen Ausschuß zur Untersuchung der schwarzen Gewerkschaftsbewegung ernannte. Die Schlacht war vorher gewonnen worden; die genannten Ergebnisse waren nur Konsequenzen des Sieges, die Ergebnisse der gewonnenen Schlachten.

Wenn man die Presseberichte über die schwarzen Gewerkschaften vor der Ernennung des Wiehan-Ausschusses nachliest, wird man entdecken, daß die Presse nicht annähernd ahnte, wie weitgehend die Regierung kapitulieren würde.

Sieht man sich die Zeit von 1975 bis 1977 an, so wird man entdecken, daß die südafrikanische Presse, von der ausländischen Presse gar nicht zu reden, die Unruhen von 1976 und 1977 mit größter Verblüffung zur Kenntnis nahm und dann ein Südafrika präsentierten, in dem die Regierung vor unaufhaltsamer Gewalt auf der Flucht war. Im Jahre 1977 war die Presse nicht in der Lage vorauszusagen, daß die Regierung 1979 in einer beherrschenden Position sein würde.

In Südafrika fehlt es völlig an analytischem Journalismus. Die Medien leben von Aktualität und haben stets den Hang, über dramatische Ereignisse zu berichten. Dramatisches läßt sich gut verkaufen, gleichgültig ob es frühere dramatische Geschichten Lügen straft oder nicht.

Dieses Phänomen war auch in den Jahren 1983 und 1984 zu beobachten, als viele Menschen in Westeuropa, Nordamerika und anderswo meinten, Südafrika gehe in Flammen auf und die gewalttätige Linke sei nicht aufzuhalten. Diese Vorstellungen bleiben auch dann erhalten, wenn das Geschehen sich beruhigt hat. Und wenn die Menschen die Einzelheiten des geschilderten Dramas vergessen, bleiben ihnen Hintergrundeindrücke, die ungeachtet der wirklichen Umstände in Südafrika weiterwirken.

Genau dies geschieht überall im Bereich der Desinvestition. Das Drama zwischen 1983 und 1985 führte zu sensationeller Berichterstattung – und zu Präsident Kenneth Kaundas Warnung vor Holocausts und Blutbädern –, welche die in Vorstandszimmern getroffenen Entscheidungen zum Kapitalabzug auslöste. Dieses Drama wurde von Politikern in Afrika und anderswo in der Dritten Welt genutzt, um den Westen zu bedrängen, der die gesamte Frage der Desinvestition noch stärker internationalisierte.

Die Tatsache, daß die Apartheid jegliche Energie eingebüßt hat und daß die südafrikanische Regierung ohne schwarze Kooperation gelähmt ist, scheint für manche ganz nebensächlich zu sein. Es ist, als seien sie zu blind, um zu sehen, daß die Apartheid eher früher als später zerbröckeln wird.

Ich weiß nicht genau, wann man die Apartheid endgültig für tot erklären und unehrenhaft begraben wird. (Niemand weiß es.) Ich weiß nicht genau, wann der Tag unserer unbeschränkten Freiheit kommen wird. Aber ich weiß, daß er uns in der nicht allzu fernen Zukunft bevorsteht. Ich sehe unsere Befreiung als einen *Prozeß*, der seinen Höhepunkt in sinnvollen Verhandlungen finden wird.

Meine Gebete richten sich immer wieder bis spät in die Nacht darauf, daß man uns lange genug in Ruhe läßt, damit wir dieses Ziel auf friedlichem Wege erreichen.

Dies ist die Zeit, da schwarzen und weißen Afrikanern

die Chance gegeben werden sollte, Taktiken und Strategien für die Planung einer allen genehmen Zukunft ohne Apartheid zu entwickeln. Wir brauchen keine Drohungen von außen, wir brauchen keine lähmenden Strafmaßnahmen und Desinvestitionen, die nur unsere Genesung nach der Apartheid verzögern werden.

Die oberflächliche Medienberichterstattung über die heutige Wirklichkeit läßt den politischen Prozeß im Lande außer acht, der vom Südafrikanischen Institut für Rassenbeziehungen und anderen so kompetent beschrieben wird. Im Laufe dieses Prozesses hat sich die schwarze Verhandlungsposition aufgrund struktureller politischer und sozialer Faktoren gefestigt. Die schwarze Gesellschaft besitzt nicht weniger Fertigkeiten und Talente als die weiße, weshalb man im Namen der Effizienz Schwarze mit den angemessenen Fähigkeiten heranziehen und ausbilden mußte.

Man hatte keine andere Wahl, als das Ausbildungsgesetz sowie die Paßgesetze und die Zuzugskontrollen für Arbeitskräfte aufzuheben. Die schwarze Mobilität wurde von den Berufskenntnissen der Schwarzen ermöglicht, und ihre Anwesenheit in »weißen« Städten führte die Apartheidträume ad absurdum.

Jenseits des Blickfeldes der nach Dramen gierenden Medien bildeten sich alle möglichen anderen Faktoren heraus. Die schwarze Gesellschaft wandelte sich, und Schwarze reichten anderen Schwarzen die Hand über alle Schranken hinweg, welche die Apartheid auch zwischen ihnen, nicht nur zwischen schwarz und weiß, zu errichten suchte. Überall entstanden Schwerpunkte für die Entwicklung der schwarzen Verhandlungsstärke. Inzwischen schüttele ich lachend den Kopf, wenn die Regierung zuweilen allen Ernstes Pläne vorlegt, die, wie ich weiß, unrealisierbar sind.

Das parlamentarische Drei-Kammern-System kann nun nicht mehr funktionieren, und es hatte von Anfang an ohnehin keine Erfolgschance. Es hat die Politik der Schwarzen radikalisiert, ihren Zorn vertieft und den Weißen keinen politischen Vorteil gebracht. Ich weiß nun ganz sicher, daß die gegenwärtige Verfassung aufgehoben werden wird. Ich weiß, daß die herrschende Nationale Partei sich dessen bewußt ist, während die Medien im In- und Ausland in ihrer Berichterstattung so tun, als wäre die Schlacht noch nicht geschlagen. Aber wir haben sie bereits gewonnen, weil wir wissen, daß die Aufhebung der Verfassung unvermeidlich ist. Wir haben sie gewonnen, weil die Schwarzen sich gegen die Verfassung wandten, und nun spricht die Regierung von einem neuen Verfassungsentwurf.

Die Sanktionen, die den schwarzen Aufstieg behindern, können den zugrundeliegenden politischen Prozeß nur verlangsamen, in dessen Verlauf die Verhandlungsposition der Schwarzen gestärkt und die Apartheid an den Rand der politischen Existenz geschoben wurde. Ich behaupte nicht, daß der Befreiungskampf gewonnen ist, und dies muß stets wiederholt werden. Vor uns liegen schwere Zeiten. Aber ich behaupte, daß wir diesen schweren Zeiten gewachsen sind, denn wir wissen, daß es zum Sieg nur noch eines letzten Vorstoßes bedarf.

Dies ist nicht Idealismus oder Wunschdenken. Es ist politischer Realismus. Ich weiß, daß die Politik der Verhandlung erfolgreich sein wird, denn wenn ich mich umblicke, sehe ich, daß der bewaffnete Kampf gescheitert ist und weiterhin scheitern wird. Die Sowjetunion, die Vereinigten Staaten, Kuba und Angola haben bereits akzeptiert, daß die Probleme des südlichen Afrika nicht mit Gewalt zu lösen sind.

Nicht weniger wichtig ist, daß nun auch anderenorts im südlichen Afrika die Notwendigkeit einer freien Marktwirtschaft anerkannt wird, um die durch Krieg und sozialistische Fehlplanung verwüsteten Volkswirtschaften wiederherzustellen. Südafrika – und überhaupt der ganze südliche Teil des Kontinents – ist kompliziert, und ich bitte, meine Worte über den Zeitfaktor ernst zu nehmen und wie ich die strukturellen Realitäten in der Politik und in der Gesellschaft zu betrachten, statt dem kurzfristigen Aktualitätsgedanken der Medien zu folgen.

Die überwältigende Mehrheit der schwarzen Südafrikaner beabsichtigt, in all jene Bereiche vorzudringen, die die Weißen weiterhin für unantastbar erklären möchten. Die Schwarzen wollen nicht zerstören, sondern friedlich aufbauen, was sie durch Taten beweisen.

Die klare Botschaft des schwarzen Südafrika lautet, daß die Menschen sich mehr Arbeitsplätze, mehr Investitionen, eine stärkere Beteiligung an der Vermögensbildung und daraus resultierender Zinsen wünschen. Dies bedeutet, daß sie in eine freie Marktwirtschaft einbezogen werden müssen, nicht in die verschwommenen Pläne des Sozialismus.

Die Inkatha, deren gewaltige Mitgliedschaft aus allen schwarzen Gesellschaftsschichten stammt, verabschiedete auf einer ihrer jüngsten Konferenzen folgende Resolution:

> »Wir glauben, daß die Ressourcen des Landes und der bereits geschaffene Wohlstand, der vom Staat kontrolliert wird, allen Menschen Südafrikas gehören, und wir glauben, daß die Ressourcen und der Wohlstand des Landes zum höheren Nutzen der größeren Zahl verwendet werden sollten ...«

In einer weiteren, von der Bewegung bekräftigten Erklärung heißt es:

> »Wir glauben, daß wir einer schweren Krise entgegensehen, in der die Armen von noch größerem Elend bedroht sind, und wir halten es für lebenswichtig, daß alle Menschen einander die Hand reichen und in eine Partnerschaft mit dem Staat eintreten, um die größtmögliche Umverteilung des Wohlstandes – im Einklang mit verstärkter Produktivität von Handel und Industrie, ob staatlich kontrolliert oder im Privatbesitz – zu erzielen.«

Die Inkatha ist der Ansicht, daß eine Umverteilung des gesamten südafrikanischen Wohlstandes nur dann zu erzielen ist, wenn gleichzeitig auch die Möglichkeiten zur Vermögensbildung und zur Vermögensnutzung umverteilt werden.

Für die Inkatha ist das Problem nicht mehr, ob ein künftiges Südafrika sich für die freie Marktwirtschaft oder den Sozialismus entscheiden wird. Die Frage ist, was getan werden muß, um das marktwirtschaftliche System der größtmöglichen Zahl von Südafrikanern – schwarz und weiß – schmackhaft zu machen.

Forschung und Erfahrung zeigen, daß der Kapitalismus in den entwickelten Ländern mehr als einfach nur ein Wirtschaftssystem mit einem bestimmten Produktionsmodus ist. Die kapitalistische, marktwirtschaftliche Demokratie ist ein Gesellschaftssystem, das gewisse Bedingungen erfüllt. Ich möchte diese Bedingungen für meine Brüder und Schwestern im ganzen südlichen Afrika, die vielleicht nicht mit ihnen vertraut sind, aufzählen:

Freie Wahlen
Freiheit der politischen Vereinigung
Religions-, Gedanken- und Redefreiheit
Gleichheit vor dem Gesetz
Das Recht zur Opposition
Das Recht, seinen Arbeitsplatz zu wählen
Das Recht, Gewerkschaften zu bilden
Das Recht der Freizügigkeit
Freiheit von Firmen oder Ländern, ihre Güter und Dienstleistungen zu produzieren, zu verkaufen und zu vertreiben

In den grundlegenden Merkmalen einer kapitalistischen, marktwirtschaftlichen Demokratie drücken sich folglich die Rechte des Individuums aus, und diese liberalen, demokratischen Prinzipien sind mit der Freiheit und dem Streben nach Glück verbunden.

Der Sozialismus ist auf vielfache Art definiert worden; zum Beispiel spricht J. A. Schumpeter in *Kapitalismus, Sozialismus und Demokratie* (1942) von einem Institutionsmuster, in dem die Kontrolle über die Produktionsmittel die Hauptautorität repräsentiert, was bedeutet, daß die Wirtschaft einer solchen Gesellschaft prinzipiell dem öffentlichen, nicht dem privaten Bereich angehört.

Das lange Verzeichnis der Versäumnisse des Sozialismus in Afrika und anderswo und sein Unvermögen, stabile, demokratische Länder zu schaffen, ist nicht zu übersehen. Dies alles wird nun auch von manchen seiner Vertreter offen zugegeben.

Die Inkatha bekennt sich zu einer kapitalistischen, marktwirtschaftlichen Demokratie, weil sie inständig glaubt, daß alle Menschen vor Gott gleich sind und daß diese Gleichheit in der liberalen, demokratischen, marktwirtschaftlichen Tradition selbst verwurzelt ist.

Wir alle wissen, wie erwähnt, daß manche Schwarze der kapitalistischen Demokratie in einem von der Apartheid befreiten Südafrika keine Zukunft einräumen, weil sie Apartheid und Kapitalismus für synonym halten.

Die Apartheidgesetze haben jedoch die Freiheit und Gleichheit beseitigt, die von einer kapitalistischen, marktwirtschaftlichen Demokratie benötigt werden. Daher meine ich, daß ein System der freien Marktwirtschaft für Südafrika umgearbeitet, neu durchdacht und dann in die Praxis umgesetzt werden muß. Der Kapitalismus in Südafrika muß in seiner wahren Gestalt gesehen werden: als synonym mit einer wirklich demokratischen und nichtrassischen Gesellschaft. Wir dürfen nicht zulassen, daß die Apartheid, wie sie im heutigen Südafrika praktiziert wird, uns zwingt, das »marktwirtschaftliche Kind mit dem Bade auszuschütten«.

5. Schwarze Uneinigkeit

Sehet, wie gut und erfreulich es ist,
Brüder, in Einheit zusammenzuleben.
Gebetbuch der anglikanischen Kirche

Eines meiner wichtigsten Argumente lautet, daß die heute auf einen Wandel in Südafrika hinwirkenden Kräfte in schrecklichem Maße von schwarzer Uneinigkeit beeinträchtigt werden. Die Scheußlichkeit der Apartheid zeigt sich auch daran, daß sie einen mörderischen schwarzen Konflikt herbeigeführt hat. Eine demokratische Politik erfordert demokratische Institutionen, in denen man Werte und Normen aufrechterhält und zwischen anständigem und unanständigem Verhalten zu unterscheiden weiß. Zur Zeit könnte man in Südafrika, besonders was die schwarze Politik betrifft, den Eindruck haben, daß wir alle in eine üble Massenschlägerei verwickelt sind. Jede Verzögerung auf dem Weg zu schwarzer Einigkeit erhöht nur die Kosten des letztlichen, unvermeidlichen Sieges.

Man hat dem schwarzen Südafrika das Recht verwehrt, seine eigenen demokratischen Einrichtungen und Kräfte zu entwickeln. Die Folge ist, daß sich die Rassisten in Südafrika und anderswo über uns lustig machen, weil die Schwarzen täglich destruktive politische Kämpfe ausfechten. Dies bekümmert mich sehr, und meine Tränen gelten nicht nur den Männern, Frauen und Kindern aus den Reihen der Inkatha, die wir im Laufe der Jahre zu Grabe getragen haben. Die Uneinigkeit der Schwarzen bestürzt mich so sehr, weil sie Schwäche zeigt und uns Schande bereitet. Sie verhöhnt unsere kulturellen und geistigen Kräfte, denen afrikanischer Humanismus und gegenseitiger Respekt zugrunde liegen.

Der Verlust Tausender von Menschen – ob sie Anhänger oder Mitglieder der verschiedenen politischen Organisationen waren oder ob sie unschuldig in den Strudel der Gewalt gerieten – ist eine Tragödie von weitreichender Konsequenz.

Abgesehen von dem unsinnigen Morden, beschimpfen wir einander auf öffentlichen Podien, und es hat sich eine gespenstische Atmosphäre der Intoleranz verbreitet, in der manche sich an das Postulat zu halten scheinen: »Wenn du nicht auf unserer Seite bist, bist du gegen uns.« Gruppen und Personen im Ausland haben zeitgleich Stellung bezogen und dadurch diese unerträgliche Situation noch weiter verschlimmert.

Solange wir erkennen müssen, daß ein Konflikt besteht – hauptsächlich, was die Strategie und Taktik des Kampfes gegen die Apartheid sowie die konstitutionellen und sozialwirtschaftlichen Vorstellungen für eine Zukunft ohne Apartheid betrifft –, haben wir alle die Pflicht, den jetzigen Hader zu entschärfen. Wir alle müssen zusammenkommen und über unsere Differenzen reden.

In politischer Hinsicht ist der Aufstieg der Kräfte vorrangig, die sich nicht mehr um eine demokratische Lösung für die Probleme dieses Landes bemühen. Die große Mehrheit wünscht einen friedlichen, demokratischen Wandel, doch einige fordern die schwarzen Südafrikaner immer noch aus politischen Gründen zu Mord und Zerstörung auf.

Die Politik der Einschüchterung hat seit einiger Zeit an Einfluß gewonnen, und überall im Lande sehen sich die demokratischen Kräfte bedrängt, die einen Wandel mit gewaltlosen Mitteln, das heißt durch Verhandlungen, erstreben.

Wir werden von der Entzweiung an der schwarzen politischen Front gelähmt. Solange die schwarze Politik durch einen Mangel grundlegender Freiheiten gefesselt ist, kann sich kein Konsens herausbilden. Wir Schwarzen können nur dann einen Konsens entwickeln, wenn wir den dazu nötigen demokratischen Apparat besitzen. Die südafrikanischen Gesetze und Verwaltungsmaßnahmen, im Verein mit den politischen Kampagnen der Weißen, haben stets den Zweck gehabt, die schwarze Demokratie zu zerstückeln.

Unter diesen Umständen habe ich mich immer für ein multistrategisches Vorgehen ausgesprochen, bei dem jede Organisation im Rahmen der Möglichkeiten ihr Bestes tun kann; dazu bedarf es einer präzisen Trennung der Zuständigkeit zwischen bürgerrechtlichen, kulturellen, politischen, gewerkschaftlichen und religiösen Bewegungen. Unser gemeinsamer Feind ist die Apartheid, und das Gebot der Stunde lautet, daß die schwarzen Südafrikaner zusammenkommen, frühere Differenzen so vernünftig wie möglich beilegen und sich verschiedener demokratischer Methoden zur Förderung des Gemeinwohls bedienen.

Ein multistrategisches Vorgehen muß undogmatisch sein. Es räumt keiner politischen Partei eine Vorrangstellung ein, und es besteht nicht auf politischer Reglementierung, Konformität oder irgendeiner ideologischen Disziplin. Der Nachdruck liegt auf Toleranz und auf einer Methode, mit deren Hilfe alle auf ihre Weise auf das hinarbeiten können, was ihrer Meinung nach am besten für das Land und für sie selbst ist.

Die Politik des »teile und herrsche«, die von aufeinanderfolgenden Regierungen der Nationalen Partei betrieben wurde, hat stets das Ziel gehabt, jede bedeutende demokratische Kraft der Schwarzen zu zerschmettern, und nun muß die südafrikanische Regierung mit der Tatsache fertigwerden, daß es niemanden gibt, der mit ihr unter den gegenwärtigen Umständen verhandeln will.

Das demokratische schwarze Gemeinwesen in Südafrika muß für die Verhandlungen, die unzweifelhaft kommen werden, gesund und unversehrt sein. Wir müssen die schwarze Solidarität wiederherstellen, und zwar unverzüglich.

Jahrzehnt um Jahrzehnt der schwarzen Opposition gegen die Apartheid hat deutlich gezeigt, daß es keine politische Vereinigung gibt, die allein fähig wäre, den schwarzen Befreiungskampf zu gewinnen. Deshalb müssen Personen und Organisationen im In- und Ausland nun einsehen, daß Kompromisse erforderlich sind und daß ein multistrategisches Vorgehen verschiedene demokratische Möglichkeiten bietet.

Wir in der Inkatha und in KwaZulu haben zum Beispiel nie behauptet, die »einzige und authentische« Stimme des schwarzen Südafrika zu sein. Wir begrüßen divergierende Meinungen und respektieren das Recht aller Südafrikaner, der Bevölkerung ihre Ansichten darzulegen.

Wenn wir eine Übergangssituation anstreben, von der aus wir die spätere Gestaltung des Landes in Angriff nehmen können, *muß* das schwarze Südafrika alternative Kompromißformeln in Erwägung ziehen. Der schwarze demokratische Konsens kann sich nicht in der Isolation entwikkeln. Den Weißen ist es nicht gelungen, die Probleme des Landes unilateral zu lösen, und die Schwarzen werden ebenfalls scheitern, wenn sie unilaterale Versuche machen.

Südafrika hat eine multirassische Zukunft, und wir sollten uns für die Entwicklung der schwarzen Demokratie im Rahmen einer umfassenden multirassischen Demokratie engagieren. Die Geschichte hat das Schicksal der Schwarzen und der Weißen in diesem Land miteinander verflochten. Unser gemeinsames Schicksal fordert die gemeinsame Verantwortung von Schwarzen und Weißen.

Die Schwarzen werden Kompromisse schließen, wenn die Weißen es ebenfalls tun. Gleichzeitig müssen die Schwarzen auch miteinander Kompromisse schließen. Keine schwarze politische Vereinigung kann allein den Kampf gewinnen, dieses Land vom Rassismus befreien und eine neue, gemeinsame Zukunft aufbauen. Der einzig mögliche Weg ist ein Sieg des Volkes.

Die Menschen unterstützen vielfältige Organisationen, die jeweils für die Erreichung des einen oder anderen Ziels am besten gewappnet sind. Deshalb bin ich überzeugt, daß es im Befreiungskampf eine Arbeitsteilung geben muß. Das multistrategische Vorgehen ist die einzige Methode, über die das Volk selbst verfügt. Es setzt sie an jedem Tag ihres Lebens in die Praxis um, wie ich in früheren Kapiteln zu zeigen versucht habe. Nur ein solches Vorgehen wird uns schwarze Einigkeit bringen.

Die Macht gehört dem Volke, und das Volk muß entscheiden, wer es führen soll, und in welche Richtung. Wir alle haben ein gemeinsames Schicksal, deshalb ist es so lebenswichtig, zu einem Konsens und zur Einigkeit zu gelangen. Wir dürfen nicht mehr zulassen, daß taktische und strategische Probleme uns auf so tragische Weise spalten.

Die politische Stärke und der Abscheu der Schwarzen vor der Apartheid in Südafrika bleiben weitgehend unwirksam, und unkoordinierte Gruppen werden immer wieder vom Staat zermalmt, wenn sie den schwarzen Zorn zum Ausdruck bringen. Weil der Sieg unvermeidlich ist, rufe ich alle Schwarzen auf, sich für den letzten Vorstoß zu einem demokratischen Sieg zusammenzuschließen. Sobald der Sieg errungen ist, wird das Land umfassender nationaler Einigkeit bedürfen, wenn die Bevölkerung je Nutzen aus dem Erfolg ziehen soll.

Der mörderische schwarze Hader bedroht die schwarze Demokratie. Die Politik der Gewalt und Einschüchterung bedroht die schwarze Demokratie. Armut, Unbildung und Krankheit der Massen bedrohen die Demokratie.

In diesem Moment findet in Südafrika ein Kampf um die Köpfe der Menschen statt. Dies ist seit einiger Zeit das Thema vieler meiner Reden und es durchzieht auch dieses Buch. Das System der freien Marktwirtschaft steht auf dem Spiel; die Vielparteiendemokratie, wie man sie in der westlichen Welt kennt, steht auf dem Spiel.

Gegensätzliche Kräfte bemühen sich, die Zukunft Südafrikas zu bestimmen, und das intensive Bewußtsein, daß unser Tun einen radikalen Wandel bewirken wird, sorgt für eine turbulente Politik. Wir wir die Apartheid beseitigen, welche Methoden wir anwenden, mit wem wir uns verbünden – dies alles wird ausschlaggebend für die Gesellschaftsform sein, die uns nach der Apartheid erwartet. Es geht um Fragen von Leben und Tod.

Auf der einen Seite der sich vertiefenden Polarisierung stehen diejenigen, die einen sozialistischen Einparteienstaat errichten wollen. Auf der anderen Seite stehen diejenigen, die sich eine marktwirtschaftliche Vielparteiendemokratie wünschen. Die Taktik und Strategie der ersteren zielt nicht nur auf die Beseitigung der Apartheid ab, sondern auch auf die Konformität des Denkens, die disziplinierte Revolutionäre dem Volk – zu Recht, wie sie meinen – aufzwingen wollen. Die letzteren streben die Vernichtung der Apartheid mit Hilfe einer Taktik und Strategie an, die dem Volk die Freiheit der eigenen Wahl und die Freiheit zur Selbstbestimmung geben sollen.

Ich habe nie behauptet, daß die Befürworter des bewaffneten Kampfes kein Recht zu dieser Entscheidung hätten, wie sehr ich auch Gewalt verabscheue. Ich sehe ein, daß die Apartheid viele Menschen über die Grenzen des Erträglichen getrieben hat. Andererseits habe auch ich das Recht zu verlangen, daß meine Entscheidung sowie die meiner Anhänger und Millionen anderer, die Befreiung durch sinnvollen Wandel, Verhandlungen und Gewaltlosigkeit zu erreichen, respektiert werden muß.

Nun ist es Zeit, Mut zu beweisen. Wir dürfen nicht verzweifeln, zornig werden und alles zerschmettern, um die Apartheid zu beseitigen. Das wäre für mich das endgültige Scheitern der Apartheid: die Zerstörung der Grundlagen unserer Zukunft.

In der Politik gibt es keine Zauberei. Die Zukunft wird nicht gesichert sein, wenn wir einfach nur die Apartheid zerstören. Es gibt sehr viele Länder ohne Apartheid, in denen ich auf keinen Fall leben möchte. Über den Kolonialismus und den Rassismus wurden zahlreiche Siege errungen, nach denen die Menschen nur noch größeres Leid durchmachten. Deshalb müssen wir nicht nur gegen die Apartheid, sondern auch für die Demokratie kämpfen. Das eine ist nicht gleichbedeutend mit dem anderen, doch leider sind sehr viele Menschen diesem Irrtum anheimgefallen.

Es ist nun völlig belanglos, daß einige Revolutionäre weiterhin zur Verstärkung des bewaffneten Kampfes gegen Südafrika aufrufen. Für mich ist nicht von Belang, was gesagt wird, sondern was wirklich geschieht. In Südafrika und im ganzen südlichen Teil des Kontinents gibt es eine Tendenz zum Frieden, und wir müssen diesen Frieden durchsetzen, denn er wird uns Souveränität bringen.

Überall in der Welt gelangt man zu der Ansicht, daß die Menschheit nun alle Konfliktzonen beseitigen und der Verhandlungsdiplomatie Vorrang einräumen muß. Diese Ansicht hat sich seit einiger Zeit durchgesetzt, doch nun nimmt sie neue Ausdrucksformen an. Sie greift auf Afrika über, und der Geist der Verhandlung wird auch in der südafrikanischen Politik spürbar.

Auf einem Treffen der Organisation für Afrikanische Einheit erklärte der gegenwärtige Vorsitzende, der ägyptische Präsident Hosni Mubarak, daß die afrikanischen Staaten »aufgeschlossen für jeden ernsthaften Ruf zum Frieden« bleiben müßten und nicht isoliert, sondern im Einklang mit dem internationalen Trend zum Dialog anstelle von Konfrontation vorgehen sollten. Er forderte die afrikanischen Staaten auf, ein gemeinsames, schrittweises Vorgehen zur Lösung der südafrikanischen Frage zu billigen, und er mahnte die gegnerischen schwarzen Gruppen, ihre Differenzen beizulegen (*The Star*, 21. August 1989).

Man darf jedoch nicht vergessen, daß politische Reformen – selbst wenn sie von westlichen Regierungen für sinnvoll gehalten werden – die Interessen mancher Akteure bedrohen. Ihnen ist nicht daran gelegen, daß der Prozeß des friedlichen Wandels und der Verhandlungen Erfolg hat. Sie sprechen davon, daß die Macht dem Volk übergeben werden müsse, oder sie versuchen zu diktieren – natürlich zu ihrem eigenen Vorteil –, wer an Verhandlungen teilnehmen dürfe und wer nicht. Sie scheuen nicht vor Verleumdungskampagnen gegen alle wirklichen und vermeintlichen Gegner zurück. Dabei treiben sie einen Keil zwischen Schwarze und Schwarze sowie zwischen Schwarze und Weiße.

Es ist sinnlos und häßlich, aber es geschieht. Ich schreibe aus bitterer Erfahrung, aber es hat keinen Zweck, nun auf Propagandamaßnahmen einzugehen, die falsch, zutiefst verletzend und destruktiv waren. Ich kann nicht in der Vergangenheit verharren oder über heutige Aussagen wettern, die unzweifelhaft schon morgen wiederholt werden.

Ich weigere mich, die Spannungen weiter zu verstärken und mich an endlosen Beschuldigungen und Gegenbeschuldigungen zu beteiligen. Ich werde mich selbst und meine Anhänger verteidigen und, wozu ich verpflichtet bin, unsere Ziele so eindringlich wie möglich darlegen, aber ich möchte vor allem, daß der Haß ein Ende findet; ich möchte, daß wir einander die Hand reichen und lernen, voll Toleranz, mit einer gemeinsamen Vision der Hoffnung für dieses Land und gegenseitiger Fürsorge zusammen zu leben.

Sehr häufig, wenn ich Ausländern begegne – und zwar aus allen Gesellschaftsschichten –, die sich für Südafrika und seine Nachbarländer interessieren, bin ich zutiefst von ihrer Aufgeschlossenheit und ihrem Mitgefühl gerührt. Sie vermeiden es, Stellung für die eine oder andere Anti-Apartheidbewegung zu beziehen, und sie lauschen aufmerksam und weise. Vielleicht sind sie nicht mit allen Argumenten einverstanden, aber sie kehren uns jedenfalls nicht den Rücken. Sie debattieren, jeder auf seine Weise, mit einer Mischung aus beeindruckender Klarheit, Wissen und Erfahrung, Bescheidenheit, Verzweiflung und Humor. Sie nehmen Anteil, und sie wollen, unabhängig von ihrem jeweiligen Kenntnisstand, tun, was sie können.

Auch sie halten die Apartheid für abstoßend, und sie wissen, wie schwer es ist, die komplizierte Lage zu entwirren. Sie bieten uns Freundschaft und konstruktiven Dialog.

Recht oft lassen sie es damit nicht genug sein und suchen Wege für uns alle, unseren Horizont zu erweitern.

Niemand von uns behauptet, alle Antworten zu kennen. Genauso ermutigend ist, daß sie sich um eine verstärkte humanitäre Hilfe für mein Volk bemühen, die nichts mit parteipolitischen Erwägungen und politischen Vorteilen zu tun hat. Ob wir in unseren politischen Diskussionen letztlich einen gemeinsamen Nenner finden oder nicht, ich betrachte sie als mächtige Verbündete, denn wir können zusammenarbeiten, wir können Alternativen suchen, und wir respektieren einander. Wir bauen auf dem auf, was wir haben.

Ich begegne auch anderen, die einen harten Blick und einen verschlossenen, starren Geist haben. Sie weigern sich, mir zuzuhören oder auch nur zu akzeptieren, daß ich berechtigt bin, meinen Standpunkt zu vertreten. Sie versuchen, mir öffentliche Auftritte im In- und Ausland unmöglich zu machen; sie verhöhnen meine Ziele als untauglich und benutzen die ihnen zur Verfügung stehenden Mittel, um mich brutal anzuprangern.

Manchmal hören sie mit halbem Ohr zu und warten nur auf die Gelegenheit, mit vernichtenden und abstoßenden Anklagen über mich herzufallen; sie wollen mich zu scharfen Erwiderungen anstacheln, um dann neue Beschuldigungen erheben zu können. Wir alle wissen, daß dieses Treiben für die Politik typisch ist, aber wenn man so lange zur Zielscheibe gemacht wurde wie ich, wenn man unter den Umständen der Apartheid leben und arbeiten muß, wird der Überdruß schließlich übermächtig. Ich finde mich meistens damit ab und reagiere nur dann, wenn ich es für nötig halte – schließlich gibt es anderes, viel Dringenderes zu tun. Wer von uns an der Basis in den Kampf verwickelt ist, ist es der Geschichte und den künftigen Generationen schuldig, die Dinge, wann immer möglich, klarzustellen. Ich schreibe, ich rede, ich öffne allen meine Türen.

Und sie kommen. In mein Büro, sogar in mein Heim. Sie beschimpfen mich, sie fügen meiner Familie Kummer zu.

Zuweilen erscheinen sie mit falschem Lächeln und gehen unter wütenden Drohungen. Sie schmieden Komplotte und planen meinen Untergang. Schlimmer noch, sie bedrohen das Leben jener, die ich über alles liebe. Sie behandeln die Millionen von Menschen in KwaZulu wie Aussätzige und arbeiten aktiv darauf hin, KwaZulu von der internationalen Ausbildungsfinanzierung für Schwarze abzuschneiden. Wenn sie nur verstehen könnten, daß ich ihr Recht auf eine andere Meinung respektiere.

Kein Berufspolitiker ist frei von Mängeln. Er kann große Fortschritte erzielen, aber er macht auch Fehler. Ich habe zermürbende Entscheidungen treffen müssen, die niemandem, der Verantwortung trägt, erspart bleiben. Man gewinnt Freunde, und man schafft sich Feinde.

In Südafrika und im Ausland ist man intensiv emotional an unserer heutigen Situation interessiert. Es gibt praktisch keine rationale und wohldurchdachte Debatte über politische Fragen, und die Standpunkte haben sich so polarisiert, daß die Vertreter verschiedener Organisationen kaum noch miteinander sprechen. Es ist Zeit für einen umfassenden Sinneswandel. Ich verlange nicht die Aufgabe der jeweiligen Zielsetzung, sondern ich rufe immer wieder zu Anstand und demokratischem Verhalten auf.

Das gleiche tut unser Held und Märtyrer, Dr. Nelson Mandela. In einem persönlichen Brief Anfang 1989 aus dem Victor-Verster-Gefängnis schrieb mir Dr. Mandela:

»Die dringendste Aufgabe, der sich unsere Führung heute stellen muß, ist die der nationalen Einheit. Zu keinem anderen Zeitpunkt unserer Geschichte war es so wichtig, daß unser Volk mit einer einzigen Stimme spricht und sich bei all seinen Bemühungen zusammenschließt. Jede Handlung oder Erklärung, woher auch immer, die Spaltungen hervorbringen oder verschlimmern könnte, ist in der bestehenden politischen Situation ein unheilvoller, um jeden Preis zu vermeidender Fehler ...«

Dr. Mandela fuhr in diesem höchsten Akt der Staatskunst fort:

»In meiner gesamten politischen Karriere hat mich kaum etwas so sehr bekümmert wie die Tatsache, daß unsere Menschen einander umbringen, wie es jetzt der Fall ist. Wie Sie wissen, ist das ganze Gemeinschaftsleben in einigen der betroffenen Gebiete stark zerrüttet worden; zurück bleibt ein Vermächtnis des Hasses und der Bitternis, das uns auf Jahre hinaus verfolgen wird. Es ist eine Angelegenheit, welche die dringende Aufmerksamkeit aller Menschen in diesem Lande erfordert. Nichts würde mir mehr Freude machen als das Wissen, daß meine Sorge und mein Appell offene Ohren gefunden haben.«

Er schrieb weiter, es sei seine »inbrünstige Hoffnung«, »zur gegebenen Zeit die Wiederherstellung der herzlichen Beziehungen« zu erleben, die zwischen mir selbst und dem exilierten ANC-Präsidenten, Oliver Tambo, sowie zwischen der Inkatha und dem ANC bestanden. Er erkennt das Existenzrecht der Inkatha ebenso an wie das des ANC.

Dr. Mandela schrieb diese Worte als Patriot und wahrer Sohn Afrikas. Ich kann nur versuchen, seine Botschaft im nationalen wie im internationalen Rahmen zu verbreiten.

Manchem – im Inland wie im Ausland – hat die Opposition gegen die Apartheid eine Chance zu persönlicher, politischer und sonstiger Bereicherung geboten. Sie haben die Unterdrückung von Millionen Schwarzen in diesem Lande genutzt, um für sich selbst spezifische Programme und Vorteile in ihren eigenen Ländern zu schaffen. Ich denke insbesondere an gewisse Politiker und politische Ideologen, Lobbyisten und andere sogenannte Aktivisten etwa in den Vereinigten Staaten und in Europa.

Das schwarze Südafrika begrüßt den aufrechten Abscheu vor der Apartheid, den viele wohlmeinende Gegner unserer Situation im Ausland erkennen lassen; es begrüßt all ihre Versuche, das Leid der Schwarzen zu lindern.

Nachdem ich in diesem Land so lange politisch tätig gewesen bin, mache ich mir keine Illusionen über die egoistischen und zynischen Motive mancher Politiker, denen die einfachen Schwarzen in Südafrika völlig gleichgültig sind. Auch sie haben ihre eigenen Zielsetzungen.

Ich denke hier zum Beispiel an einen Kommentar in der *Sunday Times* (6. August 1989), in dem der Autor anmerkt: »... Die Wahrheit ist, daß die Internationale Anti-Apartheidbewegung (AAM) zu einer Heimindustrie geworden ist, deren weitere Existenz von der weiteren Existenz der Apartheid abhängt, ebenso wie die Existenz des Versicherungswesens von weiteren Bränden, Unfällen und ähnlichem abhängt.

Die AAM hat ein persönliches Interesse daran, jeden Wandel in Südafrika zu leugnen. Mehr noch, es scheint, als betrachte die AAM erfolgreiche Schläge gegen die Apartheid nicht als Siege, sondern als Bedrohung für sich selbst. Der Nutzen internationalen Drucks wird verringert oder sogar aufgehoben, wenn man auf Konzessionen nicht entgegenkommend, sondern mit unterschiedsloser Bestrafung reagiert, die das Kind mit dem Bade ausschüttet.

Die AAM hat seit langem alle überlegenen moralischen Standpunkte besetzt. Doch ihre Weigerung, den Wandel in Südafrika anzuerkennen, schwächt ihre Position... Das Alles-oder-nichts-Verfahren der AAM soll die Tatsache leugnen, daß friedlicher Wandel nicht nur möglich ist, sondern sich in Südafrika nicht allein im Sportbereich bereits vollzieht. Schlimmer noch, es weist alle Beweise dafür zurück, daß die Opfer der Apartheid durch ihre eigenen Handlungen ihre Fähigkeit zeigen, Südafrika auf gewaltlose Art zu ändern ...«

Ich will mit diesem Zitat nicht darauf hinaus, daß *alle* wohlmeinenden Menschen, die an der Internationalen Anti-Apartheidbewegung beteiligt sind, ein »persönliches Interesse« an dem Kampf entwickelt hätten. Doch in dem gesamten Artikel wird gut herausgearbeitet, daß der kleine Kreis von maßgeblichen Personen sehr häufig für Entscheidungen, Statements und Sanktionen verantwortlich ist, die nicht zur Entwicklung der demokratischen Prozesse hier in Südafrika beitragen.

Es gibt eine Tendenz innerhalb Südafrikas und weitgehend im Ausland, Änderungen in diesem Land ständig zu verunglimpfen und so zu tun, als seien sie bedeutungslos. Natürlich ist es unser höchstes Ziel, die Apartheid völlig zu zerstören und unsere Befreiung durchzusetzen, doch man vergißt sehr oft, daß die Änderungen, die sich jetzt an der Basis vollziehen, meist von der Plackerei und hartnäkkigen Entschlossenheit der schwarzen Massen bewirkt wurden.

Sie bedürfen der Ermutigung, während sie die Bastionen der Apartheid weiter untergraben; auch die Regierung sollte ermutigt werden, wenn sie den schwarzen Forderungen, die letztlich zu Verhandlungen führen werden, widerwillig nachgibt.

Es trifft zu, daß der Wandel sich nicht rasch genug vollzieht, aber er *findet statt.* Wenn die Vertreter der Anti-Apartheidbewegung im Ausland und andere ständig so tun, als gäbe es keine konstruktiven Reformen, als hätten wir seit Jahrzehnten stillgestanden, diskreditieren sie gerade diejenigen, die sie zu unterstützen vorgeben, denn ohne die schwarzen Südafrikaner, die das Klima für jene Reformen schufen, wäre überhaupt nichts geschehen.

Ist es die Tatsache, daß die Schwarzen und eine wachsende Zahl von Weißen in Südafrika friedlich auf einen Wandel hinwirken, die die Machthaber in der Internationalen Anti-Apartheidbewegung verdrießt? Glauben sie wirklich, daß der langsame und mühevolle künftige Verhandlungsprozeß aufgehoben werden kann und daß es über Nacht, durch irgendein Wunder, eine neue und demokratische, von den Massen herbeigeführte Regierung in Südafrika geben wird? Oder klammern sie sich an ein bestimmtes Programm, das Bedingungen schaffen soll, unter denen *sie* und die von ihnen Repräsentierten letztlich den Wandel diktieren, damit *sie* die Akteure bestimmen können?

Erweckt dies nicht den Eindruck, daß hier Revolutionäre und undemokratische Geister am Werk sind?

Dies sind die Menschen, die durch ihre einflußreichen Beziehungen vorschreiben, welche schwarzen und weißen südafrikanischen Musiker, Dramatiker, Autoren, Sportler, Universitätslehrer usw. im Ausland an Veranstaltungen mitarbeiten oder teilnehmen »dürfen«. Dies sind die Menschen, die versuchen, wissenschaftlichen, kulturellen, sportlichen und sonstigen Austausch mit Südafrika zu blokkieren.

Sie legen fest, wer ihrer Meinung nach im Ausland auftreten sollte und wer nicht. Diese Menschen wirken in demokratischen Gesellschaften und interpretieren die Wünsche der Schwarzen gleichwohl ohne Rückfrage so, als ob *alle* schwarzen Südafrikaner unter der Verhängung von Sanktionen leiden wollten. Sie selbst werden die entsetzlichen Folgen ihrer Aktionen nie erleben müssen. Viele unterstützen jeden gewaltsamen Protest und applaudieren denen, die aus politischen Motiven töten. Dies sind nur ein paar Beispiele ihrer Taktik, während sie gegen die Ungerechtigkeiten der Tyrannei wettern, obwohl sie selbst Einschüchterung und Leugnung von Menschenrechten zu einer Art Kunstform gemacht haben!

Es ist nun Zeit für die breite Masse der Apartheidgegner im Ausland, über ihre Aktionen nachzudenken. Friedliche Menschen, zutiefst bewegt von dem Leid der Schwarzen, haben bewußt oder unbewußt begonnen, Revolutionäre zu unterstützen, die sie anderenorts als Terroristen bezeichnen würden. Amerikaner, Europäer und Bürger anderer Länder machen sich der Doppelmoral schuldig, wenn sie Aktionen in und gegen Südafrika loben, die sie in jedem zivilisierten Land des Westens rundweg verurteilen würden.

In Südafrika sind alle Voraussetzungen für einen absolut zerstörerischen Bürgerkrieg gegeben, und ich fordere alle führenden Politiker, alle Persönlichkeiten, Organisationen, Interessengruppen innerhalb von Regierungen und alle anderen im Westen dringend auf, ihre auf westliche Vorstellungen und Interessen gegründeten »Gesellschaftsspiele« mit dem Schicksal der Apartheidopfer einzustellen.

Die Umstände mögen nun auf einen echten Durchbruch bei dem Streben nach einer nichtrassischen Vielparteiendemokratie in Südafrika hindeuten, aber die Schlacht ist noch längst nicht gewonnen, und ich weiß, daß sie schwer sein wird. Dies ist in der Politik des Übergangs stets der Fall. Zeiten des Übergangs sind Zeiten der Gefahr.

Wer bei dem Übergang helfen kann, muß sich einschalten und alles mögliche tun; wer bei dem gewaltlosen, durch Verhandlungen bewirkten Übergang nicht helfen kann, soll sich heraushalten. Der Kampf gegen die Apartheid ist keine parteipolitische Angelegenheit. Es geht um radikale Änderungen in den Institutionen Südafrikas. Wer diese institutionelle Anpassung an eine Gesellschaft ohne Apartheid behindert, muß sich zurückziehen.

Diejenigen in der internationalen Gemeinschaft, die nicht glauben, daß wir diesen kritischen Zeitpunkt erreicht haben und nun den Durchbruch schaffen können, auf den die ganze westliche Welt wartet, müssen von denen beiseite gedrängt werden, die es glauben. Wir können nicht zwei westlichen Einflußströmungen ausgesetzt sein, von denen die eine auf die Politik der Verhandlung hinarbeitet, während die andere davon ausgeht, daß diese Politik noch nicht möglich ist und strikte Maßnahmen nötig sind, um die südafrikanische Regierung zu zermürben.

Es ist unmoralisch, wenn man seine Handlungen auf eine vermeintliche Kenntnis dessen stützt, was die schwarzen Südafrikaner wollen. Es steht so viel auf dem Spiel, daß man nur aufgrund der nachweislichen Wünsche unserer schwarzen Bevölkerung handeln sollte, nicht aufgrund der rhetorischen Vereinfachungen einiger weniger, die behaupten, in unserem Namen zu sprechen. Die schwarzen Südafrikaner haben millionenfach Nein zu Sanktionen und Kapitalabzug gesagt. Sie haben Ja zu friedlichem Wandel, Verhandlungen und größtmöglichem Wirtschaftswachstum des Landes gesagt. Offenkundig haben sie Blutvergießen und einen bewaffneten Kampf mit überwältigender Mehrheit abgelehnt.

Der internationale »Krieg der Worte« gegen führende Politiker, die Konfrontation und Strafmaßnahmen ablehnen (zum Beispiel die britische Premierministerin Margaret Thatcher), ist ungeheuer schädlich. Im derzeitigen Stadium herrscht in Südafrika ein sehr leicht zu erschütterndes Gleichgewicht, und wir in diesem Lande, vorwiegend die Ärmsten der Armen, zahlen den Preis für westliche Fehler.

Westliche Analytiker müssen alles ablehnen, was scheitern könnte und nur auf unsere Kosten gehen würde. Es wäre ein moralisches und politisches Vergehen, wenn der Westen Aktionen einleitete, für deren Scheitern er nicht geradestehen könnte. Der Westen kann sich den Luxus erlauben, eine riskante Politik zu betreiben. Wir können uns diesen Luxus nicht leisten. In Südafrika entfernen wir uns von politischem Abenteurertum und bewegen uns auf eine Politik größerer Vernunft zu, denn wir müßten einen völlig unerträglichen Preis für ein Scheitern des Kampfes gegen die Apartheid zahlen.

Ich kann nur mit allem Nachdruck betonen, daß die nationale Einheit, die wir nach der Apartheid erreichen, von dem Grad der Einheit abhängen wird, den wir im Laufe ihrer Beseitigung erzielen.

Was einen Bürgerkrieg betrifft, so ist die brutale Realität, daß Südafrika über eine hochmilitarisierte weiße Gemeinschaft verfügt, die das, was die Renamo in Mosambik tut und die Unita in Angola tat, recht amateurhaft wirken lassen würde. Weiße Revolutionäre hätten ungeheure Vorteile, die den schwarzen Revolutionären in Mosambik und Angola fehlten. Sie besitzen eine hochentwickelte Technologie, sie würden strategisch wichtige Positionen einnehmen, und sie sind im Gegensatz zu den Revolutionären von Mosambik und Angola äußerst mobil.

Jeder Versuch, die Apartheid durch Gewalt – oder durch eine Konfrontationstaktik, die Schwarze und Weiße noch stärker voneinander entfremdet – zu beseitigen, wäre unheilvoll für uns. Wir müssen nun Brücken schlagen, Konflikte abbauen, uns ein gemeinsames Ziel zu eigen machen und uns um die Hinnahme dessen bemühen, was jeder Rassengruppe innewohnt. Es hat keinen Zweck, idealistischen Gedanken über das nachzugehen, was die Menschen tun sollten. Als führender Politiker muß ich mich dem widmen, was sie *hier und heute* tun.

Mein Vorbild hat Konsequenzen für die Menschen, und ich muß jederzeit sicherstellen, daß sie den Wünschen der Menschen entsprechen. Was der Westen unternimmt, hat Konsequenzen für die schwarzen Südafrikaner sowie für die weiße südafrikanische Regierung, gegen die der Westen vorgeht.

Es gibt im Westen gefährlich romantische Vorstellungen über »Freiheitskämpfe«, und man bringt der Politik des gewaltsamen Protests in Südafrika Sympathie entgegen. Die Kräfte der Mitte, die unser Land letztlich aus den Trümmern der Apartheid zu retten und die Gefahren destruktiver Gewalt abzuwenden haben, werden von diesen romantischen Gefühlen und dieser fehlgeleiteten Sympathie abgewertet.

Nicht nur jene schwarzen Südafrikaner, die sich entschieden haben, zu den Waffen zu greifen, sind zornig. Meiner Meinung nach ist der Zorn ein nationales Plus, das wir in die richtige Bahn lenken müssen und nicht vergeuden dürfen.

Jeden Tag kann man beobachten, wie schwarze Südafrikaner – zornig darüber, daß sie gezwungen wurden, in schwarzen Townships zu leben – ohne Aufhebens in »weiße« Gebiete ziehen. Arbeitsplatzbeschränkungen und Paßgesetze erregten den Zorn der Schwarzen derart, daß sie aufbegehrten und diese Gesetze letztlich umgingen. Eine unzureichende Ausbildung erzürnt viele Schwarze, so daß sie sich nun vornehmen, Universitäten zu besuchen, die früher den Weißen vorbehalten waren. Dies alles sind Beispiele eines in konstruktive Bahnen geleiteten Zorns – eines

Zorns, der geholfen hat, Unglück zu überwinden und etwas Wertvolles aufzubauen.

Es ist unbedingt notwendig, daß die Mehrheit der schwarzen Südafrikaner weiterhin nach edlen Zielen strebt; im Mittelpunkt dieser Bemühungen steht ihr Recht, ihre eigenen Führer sowie die Richtung, in die sie geführt werden wollen, zu bestimmen.

Nirgends in der Welt kann die Gewalt, wie sie nun in Südafrika – vom Staat und von einer gespaltenen schwarzen Opposition – praktiziert wird, eine offene, demokratische Gesellschaft hervorbringen. Politische Siege, an die sich Massenelend, Uneinigkeit und Zerstörung der Produktionsmittel anschließen, können nur zu Regierungen führen, die von vornherein auf verlorenem Posten stehen.

Wenn wir im Laufe der Befreiung Südafrikas keine nationale Versöhnung erreichen, werden wir nicht zu dem nationalen Wiederaufbau der Gesellschaft imstande sein, der uns nun von Millionen junger Südafrikaner abverlangt wird.

Es ist einfach bösartig zu argumentieren, daß die demokratische Opposition gegen die Apartheid gescheitert sei und man nur noch Zuflucht bei der Gewalt suchen könne. Rein logisch betrachtet ist die gewaltsame Opposition in demselben Maße gescheitert wie die demokratische Opposition. Man könnte also mit voller Berechtigung argumentieren, daß die Gewalt nach mehr als einem Vierteljahrhundert vergeblichen Bemühens aufgegeben werden müsse. Deutet denn irgend etwas darauf hin, daß die südafrikanische Regierung demnächst von revolutionärer Gewalt gestürzt werden könnte?

Was würde einer Revolution in Südafrika zum Erfolg verhelfen? Ich habe die drei Hauptvoraussetzungen, von denen keine auf dieses Land zutrifft, häufig aufgezählt:

1. Revolutionäre Kräfte müssen innerhalb des Landes – oder wenigstens in einem Nachbarstaat – über eine »befreite Zone« verfügen, die als »Sprungbrett« für Angriffe auf den Staat dient.

Die Revolutionäre in Südafrika und jenseits unserer Grenzen verfügen über keines von beiden, und ihre Position verschlechtert sich täglich, denn die Oberhäupter der angrenzenden Staaten rufen zu Verhandlungen auf und können sich realistischerweise nicht mehr leisten, exilierte Gruppen auf ihrem Territorium zu unterstützen.

2. Die Loyalität der Sicherheitskräfte und der Beamtenschaft zur Regierung muß beeinträchtigt sein. Aber es gibt keinen Beweis dafür, daß revolutionäre Drohungen von der südafrikanischen Polizei, der Armee oder der Beamtenschaft ausgehen könnten.

3. Die Massen in Südafrika müßten mit revolutionärer Aktivität sympathisieren und sie täglich unterstützen. Dies ist nicht der Fall. Die Mehrheit der schwarzen Südafrikaner wird, wenn sie es mit gewalttätigen Kräften zu tun hat, mit abscheulichen Mitteln zu destruktiver Aktivität und zur Unterstützung der Revolutionäre gezwungen.

Seitdem manche den bewaffneten Kampf zum Hauptmittel für die Befreiung von Südafrika erklärten, haben sich die Spaltungen im schwarzen Gemeinwesen vertieft und Schwarze sind zu Opfern vielfältiger schwarzer Gewalt geworden.

Mein Kollege Dr. Oscar Dhlomo, der vor einigen Jahren an einer Konferenz in den Vereinigten Staaten teilnahm, gab meinen Standpunkt wieder: »Das wirkliche Problem der heutigen schwarzen Politik ist Uneinigkeit; sie hat das Niveau der politischen Debatte unter den Organisationen, die gemeinsam das umfassende Ziel der schwarzen Befreiung ansteuern sollten, auf das Niveau verleumderischer Beschimpfungen gesenkt.

Das blinde Streben nach ideologischer Reinheit, das Fehlen von Kommunikation und Kooperation zwischen Gruppen, die alternative Befreiungsstrategien verfolgen, und die

Unfähigkeit, den südafrikanischen Kampf als vieldimensional zu erkennen – dies alles ist für die Zerstückelung des Befreiungskampfes in Südafrika verantwortlich.«

Die Beseitigung der Apartheid allein würde nicht notwendig sofort zu einem neuen und demokratischen Südafrika führen. Die Politik der Apartheid durchdringt praktisch alle Aspekte des südafrikanischen Lebens, und Dr. Dhlomo merkte an: »Menschen, die uns helfen, eine dauerhafte Lösung für das Problem der schwarzen Uneinigkeit in unserem Land zu finden, werden es sich wahrhaft als Verdienst anrechnen lassen können, einen gigantischen Beitrag zur Demokratisierung Südafrikas geleistet zu haben.«

Diese Hilfe erwarten wir vom Westen, der jedoch gleichzeitig ernsthaft über seine Aktionen nachdenken muß. Wenn ich mir überlege, was getan werden muß, damit Schwarze und Schwarze sowie Schwarze und Weiße über die verschiedenen politischen Schranken hinweg zueinanderfinden, komme ich zu dem Schluß, daß wir zwei Wege einschlagen müssen.

Auf dem ersten Weg müssen wir definieren, welche Gemeinsamkeiten bereits zwischen uns bestehen. Wenn wir wissen, woran wir alle glauben, welche gemeinsamen Wünsche uns als Söhne und Töchter Afrikas verbinden, dann können wir die Differenzen betrachten, die uns trennen mögen, aber nicht trennen sollten.

Ich höre, daß die Stunde des weißen Südafrika geschlagen hat. Ich höre den Ruf der Geschichte, und ich weiß, daß es nur dann, wenn wir als ein Volk aufstehen, das *eine* Südafrika mit dem *einen* souveränen Parlament geben wird, nach dem wir und unsere Vorväter gestrebt haben.

Das erste, was uns verbindet, ist unser südafrikanisches Bürgerrecht. Es wurde uns von der Geschichte unter der lenkenden Hand des Allmächtigen gewährt. Das Bürgerrecht im Lande unserer Geburt gehört uns durch göttliche Verfügung. Niemand darf wagen, es uns zu entziehen, und niemandem wird es gelingen.

Wir Schwarze *werden* das volle, uns zustehende Bürgerrecht Südafrikas erreichen. Alle schwarzen Südafrikaner, die sich ein souveränes Land mit einem einzigen Parlament wünschen, sind Brüder in diesem Kampfe.

Man kann Südafrika von einer Grenze zur anderen durchqueren, und man wird überall von den schwarzen Menschen erfahren, daß sie sich nicht nur für die Söhne und Töchter Afrikas, die Bürger Südafrikas halten, sondern auch ihr Stimmrecht beanspruchen. Das Ideal eines einzigen Südafrika mit einem einzigen souveränen Parlament, gestützt auf das allgemeine Wahlrecht, ist im Herzen und im Geist jedes schwarzen Südafrikaners zu finden.

Die Einigkeit, die wir aus der Erkenntnis dieser fundamentalen Wahrheit beziehen sollten, hilft, viele Probleme zu beleuchten.

Wir als Schwarze haben gesehen, wie entsetzlich die Konsequenzen sind, wenn eine Regierung das Wohl der Partei über das Wohl des Staates oder das Wohl der Minderheit über das Wohl der Mehrheit stellt. Deshalb sollte uns nichts veranlassen, diesem Beispiel zu folgen. Doch tragischerweise bedeutet das Wohl der Partei manchem Schwarzen mehr als das Wohl des Staates, und auch sie stellen das Wohl der die Partei ausmachenden Minderheit über das Wohl der Mehrheit.

In der Inkatha und in KwaZulu werden wir allen Einschüchterungen zum Trotz auf unserem Anspruch bestehen, Teil einer Mehrheit zu sein, die am Ende das Schicksal Südafrikas entscheiden wird. Wir fordern das Recht, Mehrheitsmeinungen herauszubilden und in ihrem Rahmen zu arbeiten. Wir weisen jede Politik zurück, die auf Rassendiskriminierung beruht; wir weisen jeden Versuch zurück, Stammeszugehörigkeiten als Verfassungsbausteine zu benutzen.

Es gibt *ein* Südafrika; es gibt *ein* Gemeinwesen; es wird *ein* von der Mehrheit gelenktes Parlament geben. Wie sehr der Staat auch unsere fundamentalen Menschenrechte leugnen mag, wir werden nichts anderes als ein solches Parlamentssystem akzeptieren. Das gleiche gilt für jede Art tyrannischer Opposition. Wir werden uns nicht zwingen lassen, die großartigen Geschenke Gottes aufzugeben. Wir werden uns nicht von anderen einschüchtern lassen, die meinen, uns ihr Diktat auferlegen und die Mehrheit des Volkes mißachten zu können. Vor allem verlangen wir das Recht, den demokratischen Apparat aufzubauen, mit dessen Hilfe der Mehrheitsmeinung Ausdruck gegeben werden kann.

Sobald wir die grundlegende Verpflichtung zum Streben nach demokratischen Idealen durchgesetzt haben, können wir unsere Aufmerksamkeit auf die Frage richten, welche *Form* der Demokratie in Südafrika am überlebensfähigsten wäre. Ich lege Nachdruck auf das Überleben der Demokratie, denn es hätte wenig Sinn, etwas anderes als Demokratie ins Auge zu fassen. Demokratie muß Verfassungsstabilität und dem Individuum dienliche Gruppenstabilität garantieren. Auch dies sollte zur Einigung des schwarzen Südafrika beitragen.

Wenn wir uns der Mechanismen der Demokratie bedienen können, werden wir fähiger sein, die Minderheitenrechte von Weißen, Indern oder Coloureds zu schützen. Ohne Demokratie kann niemandem Schutz zuteil werden. Ich bin überzeugt, daß wir die Urelemente der Demokratie nicht wiederzuentdecken brauchen. Wir wissen, was Demokratie im täglichen Leben bedeutet; wir wissen, was sie in konstitutioneller Hinsicht bedeutet, und dies genügt uns.

Es gibt einfach keinen Grund für eine Auseinandersetzung zwischen den Schwarzen über die grundlegenden Fragen in Südafrika. Im Volk, an der Basis, sind keine Gegensätze zu entdecken. Differenzen, die zu gewaltsamen Konfrontationen führen und die Schwarzen spalten, werden der Mehrheit des Volkes von diesen oder jenen Minderheiten aufgezwungen.

Je mehr wir unsere Gemeinsamkeiten definieren, desto fähiger werden wir sein, unsere Differenzen zu überwinden. Sobald wir genug gemeinsam haben, können wir uns zusammenschließen und den besten Weg zur Erreichung unserer Ziele finden.

Wenn wir einander an diesem kritischen Punkt unserer südafrikanischen Geschichte die Hand reichen wollen, müssen wir Gemeinsamkeiten definieren, aber auch über taktische und strategische Alternativen sprechen, ohne zu verkennen, daß alles, was unserer gemeinsamen Sache schadet, als unpatriotisch abgelehnt werden muß.

All das, was ich mit meinen Aufrufen zu schwarzer Einheit in Südafrika sagen will, kam vor einigen Jahren in einer beredten Botschaft Papst Johannes Pauls II. zum Ausdruck:

> »Friede ist nicht möglich ohne Dialog... Aus dem Gleichgewicht der Sorge, der Furcht und schließlich des Terrors geht ein kalter Friede hervor. Nur der Gedankenaustausch durch Dialog kann den Wunsch und die Erwartung eines warmen Friedens erzeugen... Jeder Krieg kann uns alles verlieren lassen, aber im Frieden können wir nichts verlieren.«

6. Die Apartheid liegt im Koma – was werden Verhandlungen bringen?

> Wir müssen entweder lernen, miteinander als Brüder zu leben, oder wir werden miteinander als Toren untergehen.
>
> *Dr. Martin Luther King (1929–1968)*

Bei der Betrachtung von Verfassungsmodellen und anderen Vorschlägen für ein künftiges, nichtrassistisches Südafrika kann ich mir nicht leisten, apodiktisch zu sein. Ich habe stets erklärt, daß ich jedes System unterstützen werde, das von der Mehrheit akzeptiert wird und wirklich *funktioniert.* Ich glaube nicht, daß die Westminster-Demokratie von Gott verfügt wurde, obwohl ich sie mir mein ganzes Erwachsenenleben hindurch gewünscht habe. Es gibt in der freien Welt viele demokratische Verfassungsmodelle, die wir unseren speziellen Zwecken anpassen können.

Mir scheint, daß wir letztlich irgendein föderatives Regierungssystem erhalten werden. Doch wenn die weißen Südafrikaner ein derartiges System errichten und vom Prinzip des »One man, one vote« in einem zentralistischen Staat abrücken wollen, werden sie sich weit kompromißbereiter zeigen müssen, als die herrschende Nationale Partei gegenwärtig zu sein scheint.

Es gibt im Leben keine unaufhaltsame Kraft des Bösen, die das Volk Südafrikas hindern könnte, eine großartige Zukunft für sein Land und für künftige Generationen zu schaffen. Wenn diese Zukunft nicht verwirklicht wird, dann haben wir es unserem eigenen Verhalten zuzuschreiben.

Die Inkatha ist vordringlich eine schwarze politische Organisation, die auf eine Vielparteiendemokratie hinarbeitet. Wir vertreten den Standpunkt, daß die Menschen selbst – schwarz und weiß – als einzige berechtigt sind, das Schicksal Südafrikas zu bestimmen. Eines Tages werden wir hoffentlich auch über die demokratischen Feinheiten verfügen, durch die sich in der freien Welt eine politische Partei von der anderen unterscheidet. Zur Zeit jedoch kämpfen wir um nichts anderes als die elementare Freiheit der Wahl.

Südafrika benötigt als erstes eine Regierung, die dem Konsens verpflichtet ist und die von allen Menschen dieses Landes akzeptiert wird. Ich wiederhole ständig, daß politische Siege bedeutungslos sind, wenn sie nicht zur Entwicklung eines nationalen Überlebenswillens führen. Afrika hat mich gelehrt, daß politische Siege über die Unterdrükkung, die eine polarisierte Gesellschaft ohne nationalen Willen zur Demokratie hinterlassen, für das Volk Pyrrhussiege sind.

Ich halte mir ständig vor Augen, wie gefährlich es ist, revolutionäre Modelle von anderswo zu übernehmen, so als seien die dortigen und die südafrikanischen Verhältnisse völlig vergleichbar. Ich mache mir dauernd bewußt, daß revolutionäre Organisationen unter unseren Bedingungen ein gefährliches Elitedenken entwickeln könnten, das sie zwangsläufig zur Errichtung von Einparteienstaaten neigen läßt, in denen sie die einzige Autorität darstellen.

Nur das, was sich historisch in funktionsfähigen Demokratien bewährt hat, kann für mich der Maßstab sein, an dem ich annehmbare oder Kompromisse ermöglichende Vorschläge messe.

Die Politik des Übergangs, in der wir uns nun befinden, bringt Schwierigkeiten für alle politischen Gruppierungen in Südafrika mit sich. Die Inkatha und die Regierung von KwaZulu verpflichten sich deshalb, mit jeder Gruppe zusammenzuarbeiten, die eine offene, nichtrassistische Demokratie, beruhend auf einem souveränen Parlament und allgemeinem Wahlrecht, in Südafrika anstrebt.

Wir sind nun in einer Lage, in der wir den Folgen politischer Taktik für die menschlichen Beziehungen Aufmerksamkeit schenken sollten. Deshalb gehen wir in der Inkatha noch weiter und bekräftigen unsere Bereitschaft, über den Schutz der Rechte von Individuen und Gruppen im Rahmen einer künftigen nichtrassistischen Demokratie zu verhandeln, und wir fordern andere schwarze Gruppen auf, dem weißen Südafrika sicheres Geleit durch die vor uns liegende Übergangsperiode zu bieten.

Die herrschende Regierung der Nationalen Partei erklärt, sie wolle sich für eine neue Verfassung, für Verhandlungen mit schwarzen Führungspersönlichkeiten und für einen »Fünfjahresplan der Aktion« für ein neues Südafrika engagieren, womit sie die wichtigsten Details zu berücksichtigen scheint.

Wir haben es hier mit dem Eintritt der Nationalen Partei in den Verhandlungsprozeß zu tun. Ich bin stets der Ansicht gewesen, daß die herrschende Nationale Partei an den Gesprächen über einen radikalen Wandel in Südafrika mitwirken muß, wenn sich dieser Wandel friedlich vollziehen soll. Alle nationalen Verhandlungen über die konstitutionelle Zukunft Südafrikas müssen der Regierung eine zentrale Rolle einräumen.

Ich bin kein Handlanger der herrschenden Nationalen Partei, und ich werde es auch dann nicht sein, wenn sie die Verhandlungspolitik in Gang setzt. Ich sehe meine Aufgabe darin, gegen den Staatspräsidenten F. W. de Klerk und die Nationale Partei zu opponieren, und dies werde ich tun, solange die Gesetzessammlung rassistische Maßnahmen enthält.

Mir ist völlig klar, daß die Nationale Partei um ein neues Südafrika feilschen und, wenn nötig, kämpfen wird, in dem die Weißen die politische Oberhand behalten, so daß ihre führende politische Partei die Innen- und Außenpolitik weiterhin maßgebend gestalten kann. Aus diesem Grunde verfaßte ich die Absichtserklärung, die in einem früheren Kapitel wiedergegeben ist; schwarze und weiße Führungspersönlichkeiten müßten einer solchen Erklärung zustimmen, bevor sinnvolle Verhandlungen über die konstitutionelle Zukunft Südafrikas aufgenommen werden können.

Der künftige Verhandlungsprozeß wird, ich wiederhole, schwierig sein, und man wird Kompromisse schließen müssen. Für uns Schwarze ist Südafrika ein einziges Land, und die Mehrheit wird sich nur mit einem einzigen souveränen Parlament, gestützt auf allgemeines Erwachsenenwahlrecht, zufrieden geben. Demokratien in verschiedenen Teilen der Welt schützen die Rechte von Minderheiten, aber die Vorstellung, daß Südafrika ein Land von Minderheiten sei, während die weiße Minderheit Hoheitsrechte über 87 Prozent des Landes beansprucht, sind ganz und gar absurd.

Die Nationale Partei sieht das künftige Südafrika als eine Demokratie, in der

> keine Gruppe dominiert oder dominiert wird;
> die Unabhängigkeit der Justiz respektiert wird und gesichert ist;
> zivilisierte Normen gelten;
> eine dynamische, auf freies Unternehmertum gestützte Wirtschaft floriert;
> alle Menschen in Sicherheit und Harmonie leben sowie gutnachbarliche Beziehungen zur internationalen Gemeinschaft unterhalten.

Mit ihrem »Aktionsplan« fordert die Nationale Partei das Parlament auf, ein Gremium glaubwürdiger und unabhängiger Experten zur Erforschung aller denkbaren Verfassungsmodelle zu ernennen und die Auswirkungen, die Vor- und Nachteile jedes Modells zu definieren.

Dann soll dem Parlament ein Bericht vorgelegt werden, der folgendes behandelt:

1. die verfügbaren Verfassungsalternativen, welche die Beherrschung einer Gruppe durch eine andere verhindern;

2. die Methoden, mit denen eine Verfassung die politischen Rechte und Werte verschiedener Gruppen effektiv schützen kann, sowie die praktischen Folgerungen aus den untersuchten Modellen;
3. die Methoden, mit denen eine solche Verfassung vor einer künftigen Ergänzung oder Aufhebung, welche die Beeinträchtigung von individuellen und Gruppenrechten zur Folge haben könnte, abzusichern ist.

Das gegenwärtige Denken der Regierung ist offensichtlich auf die Gruppenrechte fixiert, woran die Nationale Partei mit ihren »programmatischen Zielen« keinen Zweifel läßt; sie plant, diese Ziele in den nächsten fünf Jahren – nach ihrem Sieg in der weißen allgemeinen Wahl vom September 1989 – zu verwirklichen. Man sieht vor,

eine Reihe gemeinsamer Werte als Grundlage für ein friedliches politisches System zu fördern, ohne die Identität von Gruppen einzuschränken;
anerkannte Führungspersönlichkeiten aller Gruppen, die sich für friedliche Lösungen engagieren, zu Gesprächen und Verhandlungen über die politischen, gesellschaftlichen und wirtschaftlichen Systeme für ein neues Südafrika heranzuziehen;
aufgrund dieser Diskussionen und Verhandlungen zügig zum Aufbau von Institutionen zu schreiten, in denen die Führer aller Gruppen bei der Schaffung eines neuen Systems mitwirken können;
die Funktionen und Vollmachten des Staatsoberhauptes in einem neuen System, seine etwaige Rolle als Regierungschef und den Modus seiner Wahl neu zu bewerten.

Die Regierung sagt, sie wünsche, daß »jeder Südafrikaner das Recht hat, auf allen Regierungsebenen, die seine Interessen berühren – mit dem Vorbehalt des Prinzips, daß jede Vorherrschaft verhindert werden muß –, am politischen Entscheidungsprozeß teilzuhaben ...« Getrennte Identitäten sollten nicht »ignoriert, benachteiligt oder untergraben« werden; in einem Abschnitt mit dem Titel »Keine Vorherrschaft: Schutz der Gruppen« heißt es in dem Plan: »Die südafrikanische Bevölkerung besteht aus einer Vielfalt von Gruppen, die sich infolge von kulturellen und historischen Faktoren herausbildeten. Dies kann leicht zu einem Machtkampf und zu Vorherrschaft, Diktatur und Tyrannei führen – wie es anderswo so häufig der Fall gewesen ist. Um dies zu vermeiden, muß die Mannigfaltigkeit der Gruppen in einem neuen Südafrika der Zukunft umfassend berücksichtigt werden.«

Es liegt auf der Hand, daß die Regierung versucht, ein öffentliches Image zu schaffen, demzufolge sie sich von dem Kriterium der Rassengruppen entfernen und das weiße Südafrika überzeugen will, daß man den Nachdruck nun auf kulturell definierte Gruppen zu legen habe.

Dies wird in einem Abschnitt mit dem Titel »Selbstbestimmung« bekräftigt: »In einem Staat mit unterschiedlichen Kulturen und Interessen ist es äußerst wichtig, dieses föderative Prinzip (der Gebiets-, Regions- und Gruppenregierungen) auszuweiten, damit jedes Gebiet und jede Bevölkerungsgruppe größtmöglichen Einfluß auf ihre eigenen Angelegenheiten hat. Dies ist eine weitere Etappe in dem Prozeß zum Schutz der Rechte von Minderheiten und zur Verhinderung von Vorherrschaft.

Folglich sollte das Prinzip der Selbstbestimmung hinsichtlich eigener Angelegenheiten, zusammen mit dem Prinzip der Machtteilung hinsichtlich allgemeiner Angelegenheiten, vernünftigerweise durch Trennung und Übertragung der Macht von der Zentralregierung auf Regions-, Gebiets- oder Gruppenregierungen und auf die Kommunalverwaltung entwickelt werden, wo dies als notwendig empfunden wird . . .«

Ich kann diesen Plan nur mit Interesse betrachten und fragen: Ist dies die Apartheid in einem anderen Gewand? Jedenfalls kann ich den Plan in seiner jetzigen Gestalt auf keinen Fall gutheißen. Wichtig ist, daß wir eine feste Zusage für Verhandlungen erhalten, wie immer sie im Anfangsstadium aussehen mögen; offensichtlich müssen sie erhebliche Differenzen zwischen Parteien und Rassengruppen überbrücken. Dies kann nicht von einem Tag auf den anderen geschehen.

Immerhin gibt es jetzt einen kleinen Hoffnungsschimmer, daß die Nationale Partei sich der einen oder anderen Form der Demokratie annähern kann, was die westliche Industriewelt anerkennen und was Afrika als Schritt in die erforderliche Richtung billigen wird.

Die Verhandlungen werden sich mit fundamentalen Verfassungsfragen beschäftigen müssen, und zur Zeit redet die Nationale Partei zuviel von Einzelheiten, denkt jedoch zuwenig über grundlegende Prinzipien nach. Es gibt in Südafrika eine schwarze Mehrheit, die eine politische Ausdrucksform finden wird. Das ist ganz und gar unvermeidlich.

Nun müssen alle einen kühlen Kopf bewahren. In der schwarzen und der weißen Politik könnten Fehler gemacht werden, die jedem einzelnen teuer zu stehen kommen würden. Wir müssen zunächst zwischen unseren Zielen und den zu ihrer Durchsetzung nötigen Mitteln unterscheiden. Die Nationale Partei muß sich deutlicher über ihre Bereitschaft äußern, das jetzige Drei-Kammern-Parlament völlig aufzuheben und auf eine neue Demokratie zuzusteuern, in der uneingeschränkte Gleichheit vor dem Gesetz und der Verfassung herrscht.

Das schwarze Südafrika wünscht, daß die Regierung das Gesetz zur Bevölkerungsregistrierung, das Gesetz über die Gebietseinteilung für Bevölkerungsgruppen und andere maßgebliche Bestandteile der Apartheid rückgängig macht. Erst wenn die Regierung ihr eigenes politisches Lager in Ordnung gebracht hat, kann sie einer gemeinsamen Erklärung mit schwarzen Führungspersönlichkeiten über den Zweck der Verhandlungen entgegensehen. Bis dahin wird die Nationale Partei niemanden finden, mit dem sich zu verhandeln lohnt.

Ich habe Mr. de Klerk öffentlich mitgeteilt, daß ich mich an seiner Stelle darauf konzentrieren würde, die entscheidenden Verhandlungspartner zu Gesprächen zu überreden. Die Geschichte wird ihn an seinem Vermögen messen, dies zu tun.

Sehr viele Schwarze stimmen mit Mr. de Klerk überein, daß wir endlich Verhandlungen aufnehmen und »alle kleinlichen politischen Manöver« einstellen müssen. Verhandlungen sind allerdings nur dann möglich, wenn die schwarze Demokratie von ihren Fesseln befreit wird und wenn die südafrikanische Regierung nicht glaubt, weiterhin allein an der Macht bleiben zu können.

Dr. Nelson Mandela und andere politische Gefangene müssen freigelassen werden, und alle Vereinigungen müssen ungehindert operieren können. Bevor ich auch nur über die Teilnahme an Verhandlungen nachdenke, ist es nötig, daß Mr. de Klerk das Todesurteil über die gegenwärtige Verfassung spricht.

Nach den parlamentarischen Drei-Kammer-Wahlen vom September 1989, bei denen die Nationale Partei Stimmen an die Linke und an die Rechte verlor, gab ich ein Statement heraus, in dem ich die Ergebnisse als Vorboten einer völlig neuen und sehr spezifischen politischen Ära bezeichnete.

Obwohl die Nationale Partei nun über weniger Sitze (93) als jemals in den fünfziger Jahren verfügt, meine ich, daß sie stärker als je ist, weil sie nicht mehr auf den Erzkonservatismus gering privilegierter Mitglieder Rücksicht nehmen muß. Es ist eine Partei, die sich der Reformbremse des rechten Flügels entledigt hat. Damit nicht genug, während die rechte Konservative Partei nun ihren Höhepunkt erreicht hat, befindet sich die Demokratische Partei zur Linken der Nationalen Partei am Beginn einer möglicherweise sehr steilen Wachstumskurve (sie gewann 33 Sitze).

Dies alles bedeutet für mich, politisch gesehen, daß die Nationale Partei die Konservative Partei an der Wahlurne geschlagen hat und nun nicht mehr über ihre rechte, sondern über ihre linke Schulter zurückblicken muß.

Es ist an der Zeit, daß schwarze Führungspersönlichkeiten Mut beweisen. Der Sieg der Nationalen Partei – nach der Ablehnung der Führung und der Ziele alten Stils des früheren Staatspräsidenten P. W. Botha – verleiht uns allen mehr Flexibilität, was eine größere Bandbreite von Initiativen ermöglicht. Unsere eigenen Fähigkeiten werden daran gemessen werden, wie wir die schwarze Verhandlungsposition und den schwarzen politischen Vorteil maximal nutzen und Mr. de Klerk dazu bringen können, sich auch von der übrigen erfolglosen Politik der Nationalen Partei zu distanzieren.

Meine Aussagen sind nicht von blauäugiger Naivität geprägt. Ich weiß, daß meine positiven Gedanken nur gerechtfertigt werden können, falls Mr. de Klerk die Courage hat, weiter zu gehen, als er je für möglich hielt, und falls die schwarzen Politiker die Courage haben, ihn zu ermutigen, wenn er sich auf dem richtigen Weg befindet. Unzweifelhaft ist, daß wir uns in einer neuen Ära befinden. Allerdings vergesse ich nicht, wie die Verwoerdsche Apartheid aussah, und ich nehme zur Kenntnis, daß die Konservative Partei, die fraglos eine Verwoerdsche Politik verfolgt, nun über 39 von 166 Sitzen verfügt. (In einem Wahlkreis kam es zu Stimmengleichheit, so daß eine Nachwahl abzuhalten ist.) Dies zeigt, in welchem Maße die Nationale Partei von ihren früheren Träumen Abschied nehmen mußte.

Wenn Mr. de Klerk sich der vorliegenden Aufgabe nicht gewachsen erweist, wird die Geschichte über ihn hinweggehen, und der künftige Kampf wird jemandem anvertraut werden, der Verständnis für die historische Entwicklung hat, sei es ein von der Nationalen Partei oder ein von der Demokratischen Partei interimistisch gewählter Staatspräsident.

Südafrika bewegt sich nun auf die Demokratie und die Politik der Verhandlungen zu, und kein Führer der Nationalen Partei in der Geschichte dieses Landes hat je eine günstigere Ausgangsposition für kühne Maßnahmen gehabt als Mr. de Klerk.

Die Geschichte hat dem gegenwärtigen Südafrika eine epochale Gelegenheit beschert. Es ist die Geschichte, die dem ganzen Land, nicht nur der Nationalen Partei eine Chance gibt. Wir können die Gelegenheit natürlich ungenutzt lassen, doch meiner Ansicht nach verlangt die Geschichte eine multirassische Antwort, damit Südafrika den Zustand einer nichtrassistischen Demokratie erreicht.

Die Regierung muß auf das Verlangen nach normalisierten Verhältnissen in Südafrika reagieren, denn diese Forderung läßt sich aus den Wahlergebnissen deutlich ablesen. Sie wird nicht in der Lage sein, Fortschritte zu erzielen, wenn ihre Pläne von den Schwarzen nicht unterstützt werden.

Mr. de Klerk muß sich nun von der Gruppenpolitik entfernen, und die Schwarzen sollten ihn ermutigen, wenn er aufrichtig nach Verhandlungen strebt, und ihn nicht daran hindern, sich über die traditionellen Zwänge zu erheben, die stets in der Nationalen Partei vorhanden gewesen sind. Deshalb waren wir in der Inkatha und in KwaZulu bereit, an einem gemeinsamen Ausschuß der südafrikanischen Regierung und KwaZulus mitzuarbeiten, der die Hindernisse auf dem Weg zu Verhandlungen in Südafrika untersuchte.

Ich halte es für wichtig, das *Arbeitsdokument*, das die KwaZulu-Delegation dem Ausschuß vorlegte, in vollem Wortlaut zu zitieren.

Arbeitsdokument der KwaZulu-Regierung

für den gemeinsamen Ausschuß von Südafrika und KwaZulu zur Untersuchung der Hindernisse auf dem Weg zu Verhandlungen in Südafrika

A. Präambel

Es besteht Übereinstimmung, daß es reale Hindernisse auf dem Weg zu Verhandlungen in Südafrika gibt und daß die Verhandlungspolitik nur dann eingeleitet werden kann, wenn diese Hindernisse klar identifiziert und aufrichtig untersucht werden.

B. Von der KwaZulu-Delegation hervorgehobene Hindernisse

1. *Exklusive im Gegensatz zu inklusiven Verhandlungen.*
Die südafrikanische Regierung scheint exklusive Verhandlungen zu bevorzugen (das heißt Verhandlungen, die gewisse Gruppen und Individuen ausschließen, welche der Regierung aus diesem oder jenem Grund nicht als Partner genehm sind). Die KwaZulu-Regierung bevorzugt inklusive Verhandlungen (das heißt Verhandlungen, die alle Gruppen und Individuen ohne jede Vorbedingung einschließen). KwaZulu meint, daß inklusive Verhandlungen folgende Maßnahmen der südafrikanischen Regierung bewirken würden.

1.1 Die sofortige und bedingungslose Freilassung von Mr. Nelson Mandela und anderen Angeklagten von Rivonia sowie die Freilassung aller politischen Gefangenen, die bereits Strafen von mehr als fünfzehn Jahren abgeleistet haben. Auch die Freilassung sonstiger politischer Gefangener muß erwogen werden.

1.2 Eine Amnestieerklärung, die allen politischen Exilanten ermöglichen würde, nach Südafrika zurückzukehren und an den Verhandlungen teilzunehmen. Die Amnestie müßte hinreichend garantiert und zurückkehrenden Exilpolitikern müßte Immunität von Strafverfolgung zugesichert werden.

1.3 Aufhebung des Banns von Organisationen, so daß deren Führer sich vor und während der Verhandlungen ungehindert mit ihren Anhängern beraten können.

1.4 Aufhebung des Ausnahmezustandes, Freilassung aus politischen Gründen festgenommener Personen und Wiederherstellung der Pressefreiheit. Dies würde Rede- und Versammlungsfreiheit gewährleisten.

2. *Aufhebung diskriminierender Gesetze.*
Es besteht Übereinstimmung, daß nicht alle diskriminierenden Gesetze in Südafrika unverzüglich aufgehoben werden können. Gleichwohl gibt es spezifische Gesetze,

die von der Mehrheit als »Stützen der Apartheid« betrachtet werden. Folgende Gesetze müßten vor dem Beginn von Verhandlungen rückgängig gemacht werden:

2.1 Das Gesetz über die Gebietseinteilung für Bevölkerungsgruppen.
2.2 Das Gesetz zur Registrierung der Bevölkerung.
2.3 Das Gesetz über getrennte Dienstleistungen.

3. *Die Unfähigkeit der Regierung, die freiwillige Herausbildung von Gruppen zuzulassen, und ihr Beharren darauf, daß nur rassengestützte Gruppen konstitutionell anerkannt werden sollten.*
Diese Unfähigkeit wird von der Weigerung der Regierung belegt, über irgendwelche alternativen Formeln zu sprechen, die von der starren Rassenklassifizierung fortführen sollen, zum Beispiel was KwaZulu/Natal Indaba, geographischen (im Gegensatz zu ethnischem) Föderalismus etc. betrifft; das gleiche gilt für den unverrückbaren Glauben der Regierung, daß die einzige Lösung in starrer ethnischer Trennung bestehe, ausgedrückt zum Beispiel durch die Homelands-Politik und das parlamentarische Drei-Kammern-System.

4. *Die Existenz des Drei-Kammern-Parlaments.*
Ein bedeutendes Hindernis auf dem Weg zu Verhandlungen ist die Existenz des Drei-Kammern-Parlaments (mit all seinen Konsequenzen wie den Regionalen Räten für Dienstleistungen, für Innere Angelegenheiten etc.), das nach Meinung der schwarzen Mehrheit die Apartheid und den Rassismus festigt und die Idee der Machtteilung zum Gespött werden läßt.

C. Verfahren zur Überwindung der Hindernisse

1. *Exklusive im Gegensatz zu inklusiven Verhandlungen Politische Gefangene:*
Folgende Verfahren sind anzuwenden.

1.1 *Mr. Nelson Mandela und andere Angeklagte von Rivonia*

Sie sollten unverzüglich und bedingungslos freigelassen werden.

1.2 *Politische Gefangene, die mehr als fünfzehn Jahre verbüßt haben*
Auch sie sollten unverzüglich und bedingungslos freigelassen werden.

1.3 *Andere politische Gefangene*
Die Prinzipien des Straferlasses und der Bewährung sollten unverzüglich auf alle in Frage kommenden politischen Gefangenen, wie im Falle anderer Häftlingskategorien, angewandt werden.

2. *Erklärung einer Amnestie*

2.1 Die Regierung sollte durch die angemessenen nationalen und internationalen Kanäle eine Amnestie verkünden.

2.2 Einrichtungen wie das Internationale Rote Kreuz, die UN-Flüchtlingskommission, westliche Regierungen und der internationale Juristenausschuß sollten zur Kooperation bewogen werden, damit Exilanten und Flüchtlinge von der Amnestie Gebrauch machen.

3. *Aufhebung der Bannung von Organisationen*
Sobald Gefangene nach C 1.1 und C 1.2 freigelassen sind, sollte die Regierung unverzüglich mit ihnen über die Modalitäten zur Aufhebung der Bannung ihrer Organisation verhandeln.

4. *Beendigung des Ausnahmezustandes, Freilassung von Festgenommenen und Wiederherstellung der Pressefreiheit*
Die Freilassung von Festgenommenen und die Wiederherstellung der Pressefreiheit sollten unverzüglich vorgenommen werden; die Beendigung des Ausnahmezustandes könnte sich entweder sofort oder stufenweise, je nach Bezirk, gemäß einem vorher festgelegten Zeitplan vor Aufnahme der Verhandlungen vollziehen. C 1.2 und 1.3 würden ohnehin zwangsläufig zur Beendigung des Ausnahmezustandes, zur Freilassung der Festgenommenen und zur Wiederherstellung der Pressefreiheit führen müssen.

5. *Diskriminierende Gesetze*

5.1 Die Abschaffung bestimmter Gesetze wird bereits erwogen; sie sollten unverzüglich, also vor Verhandlungsbeginn, rückgängig gemacht werden, und zwar das Gesetz über die Gebietseinteilung für Bevölkerungsgruppen, das Gesetz über getrennte Dienstleistungen und das Gesetz über die Bevölkerungsregistrierung.

5.2 Andere Bestimmungen, etwa die Landgesetze von 1913, könnten dann laut einem präzisen Zeitplan, der verhandlungsfähig wäre, aufgehoben werden.

6. *Rassengestützte Gruppenideen*

6.1 Die Regierung muß ihre Billigung des Prinzips der freiwilligen Vereinigung oder der Vereinigungsfreiheit verkünden.

6.2 Entstehende freiwillige Gruppen sollten vom Staat geschützt und ihre funktionellen Rechte sollten garantiert werden.

7. *Drei-Kammern-Parlament*

In einer von allen Seiten gebilligten Absichtserklärung sollte deutlich gemacht werden, daß Verhandlungen zur Ersetzung des Drei-Kammern-Systems durch ein für die Mehrheit der Menschen Südafrikas tragbares System stattfinden werden.

D. Allgemeine Verständigungsgrundlagen

1. *Gründung eines vereinigten Südafrika mit einem einzigen souveränen Parlament*

   Wenn dieses Prinzip von allen Seiten gebilligt wird, sollte es zur spezifischen Bedingung gemacht werden, daß kein selbstverwaltetes Gebiet sich fortan für unabhängig erklären darf und daß jene TBVC-Staaten, die wünschen, sich einem vereinigten Südafrika von neuem anzuschließen, die Möglichkeit dazu haben sollten.

2. Glaube an ein demokratisches, nichtrassistisches Vielparteiensystem.

3. Glaube an den Schutz des Individuums und der Rechte von Minderheiten.

4. Glaube an die Vereinigungsfreiheit für Individuen, ungeachtet ihrer Rasse.

5. Glaube an das System der freien Marktwirtschaft mit den ihm innewohnenden Mechanismen zur Schaffung von Wohlstand, zur Beseitigung von Armut und zur maximalen Einbeziehung der benachteiligten südafrikanischen Bevölkerungsteile, so daß sie eine vollwertige Rolle spielen und ein begründetes Interesse an der Wirtschaft entwickeln können.

Dies war meines Wissens das erste offizielle Dokument seiner Art, das dem weißen Südafrika von schwarzen Südafrikanern mit der ernsten Absicht vorgelegt wurde, Verhandlungen einzuleiten, vorher jedoch die vielen Hindernisse deutlich zu beschreiben, die noch ausgeräumt werden müssen. Der Regierung werden auch andere Vorschläge übermittelt, die sie einfach nicht ignorieren kann.

Anfang 1989 wurden die Ergebnisse des Südafrikanischen Rechtsausschusses, der juristischen »Denkfabrik« der Regierung veröffentlicht. Der Ausschuß war angewiesen worden, die Möglichkeit zum Schutz von Gruppenrechten innerhalb eines »Bill of Rights«-Systems zu untersuchen. Der nach zweijähriger Arbeit erscheinende Bericht, der von Justizminister Kobie Coetsee in Auftrag gegeben worden war, erwies sich als Bumerang für die Regierung.

Der Minister hoffte, wie gemeldet wurde, daß eine Menschenrechtsideologie als Fassade für die Fortsetzung eines rassistischen politischen Systems dienen könne, doch der Ausschuß, unter dem Vorsitz von Richter Pierre Oliver, betrachtete die Fortsetzung der Apartheid, gleichgültig in welcher Form, als unvereinbar mit der Idee der Menschenrechte. Gruppenrechte seien nur durch die Festigung der individuellen Rechte angemessen zu schützen.

Der Rechtsausschuß erklärte in seinem fünfhundert Seiten starken Bericht kühn, daß die Einbringung einer »Bill of Rights« mit einer neuen Verfassung und dem allgemeinen Wahlrecht verknüpft werden solle.

In dem Dokument heißt es: »Der gegenwärtige konstitutionelle Stillstand hinsichtlich des schwarzen Stimmrechts wird zur Zufriedenheit aller überwunden werden müssen, wenn die ›Bill of Rights‹ glaubwürdig sein soll – aus dem einfachen Grunde, daß das Wahlrecht eines der fundamentalen Menschenrechte ist, die in jeder Verfassung eingeschlossen sein müssen«.

In dem Bericht wird empfohlen, diskriminierende Gesetzgebung rückgängig zu machen und unverzüglich eine »begrenzte Version« einer »Bill of Rights« einzubringen. Diese müsse nicht nur vom Parlament, sondern auch von »der gesamten Nation, ungeachtet ihrer Rasse und Farbe«, gebilligt werden. Deshalb sei ein Referendum abzuhalten.

Gleichgültig, wer Südafrika regiere, »es versteht sich von selbst, daß wir eine solche Urkunde benötigen, wenn wir jede Diktatur – sogar die Diktatur der demokratischen Mehrheit – vermeiden wollen«.

Weiter heißt es: »Allzu lange hat es keine bewußte Aktion von seiten des Staates gegeben, um den Menschenrechten höchsten Rang einzuräumen und sie zu schützen – mit dem Ergebnis, daß sich in unserer Gesellschaft Unempfänglichkeit für diese Rechte verwurzelt hat.« Die Annahme einer »Bill of Rights« werde »ein Bild der Gerechtigkeit und des Respekts vor der Menschenwürde hervorbringen, durch das viele Argumente unserer Kritiker wirkungslos gemacht werden könnten ... Die Gerichte werden von einer Gesetzgebung, welche die individuellen und Gruppenrechte einschränkt, stark behindert ...«

Die Verfasser des Berichts empfehlen, jedem, der über achtzehn Jahre alt ist, das Wahlrecht zu erteilen, und fahren fort: »Es ist festzuhalten, daß die Verfassung eine Parlamentszusammensetzung vorsehen muß, in der das gleiche und gleichwertige Wahlrecht realisiert werden kann.«

Der Ausschuß forderte die Regierung also auf, schnellstens ein repräsentatives Gremium einzuberufen, das eine neue Verfassung für Südafrika – einschließlich einer »Bill of Rights« – entwerfen soll.

Das Dokument wurde von südafrikanischen Anwälten und vielen anderen als »kühn und direkt«, als »bemerkenswert, zutiefst beeindruckend« begrüßt, doch die Regierung scheint die Vorschläge zunächst auf Eis gelegt zu haben – um sich nicht die Finger zu verbrennen.

Es ist wichtig, die Einschätzung liberaler südafrikanischer Kommentatoren wiederzugeben, denn sie verleihen den Gedanken einer wachsenden Zahl von weißen Südafrikanern Ausdruck. Aus diesem Grunde will ich ihre Bemerkungen ausführlich zitieren. Ihre Einsicht belegt das, was ich stets behauptet habe: Das weiße Südafrika ist nicht rettungslos verloren, und es gibt immer mehr weiße Südafrikaner, die sich einen positiven, demokratischen Wandel wünschen.

Ich wende mich wieder Mr. Ken Owen vom *Business Day* zu, der in einem Artikel vom 3. Juli 1989 (unter dem Titel »Der Fünfjahresplan schafft die Voraussetzungen für zehn Jahre währenden Aufruhr«) schrieb: »Nach vierzig Jahren messianischer Selbstgewißheit beginnt die Nationale Partei endlich, sich ehrlich, wie ich glaube, mit dem zentralen Problem der südafrikanischen Politik zu befassen, also mit der Freiheit. Sie scheitert, weil sie das südafrikanische Muster – die Besessenheit von Gruppen – nicht durchbrechen kann.

Deshalb gaben sich die Parteiführer bei der Abfassung ihres Fünfjahresplans in der letzten Woche ungewöhnliche Mühe, die Ergebnisse des Rechtsausschusses hinsichtlich der Notwendigkeit einer südafrikanischen »Bill of Rights« zu unterdrücken oder sogar zu entstellen.

Das Problem ist, daß der Aktionsplan der Partei den zentralen Ergebnissen des Rechtsausschusses – nicht die Gruppe, sondern das Individuum sei mit Rechten ausgestattet – widerspricht. Und die Nationalisten bleiben der »weißen Gruppe« verpflichtet, die weder kulturell geschlossen noch linguistisch einheitlich, noch politisch geeint, noch auch nur sehr religiös ist.

Das Arbeitspapier Nr. 25 des Rechtsausschusses, abgefaßt unter Vorsitz von Richter Pierre Oliver, einem von der Regierung ernannten Freistaatler, enthält einen eigenen konservativen, doch machbaren Plan, Südafrika der Demokratie entgegenzuführen. Die Unterschiede zwischen dem Plan der Nationalen Partei und dem des Rechtsausschusses sind aufschlußreich.

Der Rechtsausschuß fordert in erster Linie eine politische Willenserklärung des Parlaments, »die sich mit Hilfe einer *Bill of Rights* für den Schutz der allgemein anerkannten individuellen Rechte sowie der kulturellen, religiösen und linguistischen Werte ausspricht«. Danach solle die Regierung sich sofort der entscheidenden Aufgabe widmen, systematisch alle Gesetze aufzuheben, die im Konflikt mit der »Bill of Rights stehen würden. Dieser Prozeß hätte natürlich zur Folge, daß der Freiheitsbereich jener Südafrikaner, die am wenigsten Freiheit genießen, stetig ausgeweitet würde.

Gleichzeitig müsse, wie der Rechtsausschuß verlangt, ein gründlicher Erziehungsprozeß über Fragen der Menschenrechte stattfinden, gefolgt von Verhandlungen über eine neue Verfassung, die letztlich einem Referendum zu unterwerfen sei.

Der Prüfstein dieses Plans – wie des Fünfjahresplans der Nationalen Partei – besteht nicht in irgendeinem intellektuellen oder moralischen Kriterium, sondern darin, ob er dem Land Ruhe bringen kann. Da der Plan des Rechtsausschusses das Versprechen der Demokratie enthält – also Gleichheit vor dem Gesetz, Freiheit und Gerechtigkeit –, hat er eine Erfolgschance. Wahrscheinlich ist dies der einzige Weg zum Erfolg. Die Chancen seines Erfolgs liegen in dem Inhalt, mit dem er eine »Bill of Rights« ausstattet – also mit Rechten, die von keiner Gesetzgebung beeinträchtigt werden dürften ...

Der Rechtsausschuß unterscheidet zwischen politischen Rechten zum Schutz von Minderheiten gegen Unterdrükkung und anderen Rechten. Die ersteren seien durch Verhandlungen festzulegen und in eine vereinbarte Verfassung aufzunehmen; die letzteren, die dem Individuum eigen seien, müßten von der »Bill of Rights« geschützt werden. Es lohnt sich, in diesem Zusammenhang den genauen Wortlaut zu zitieren: »In unserer Gesellschaft sollten kulturelle, religiöse und linguistische Werte nicht als *Gruppenrechte* geschützt werden, da eine Gruppe keine Rechtsperson ist. Diese Rechte sollten in einer *Bill of Rights* als individuelle Rechte geschützt werden.«

Der Ausschuß meint: »Im öffentlichen Recht haben unsere Gerichte nie ein als *Gruppe* oder als *Minderheit* bezeichnetes Gebilde anerkannt, das als solches Rechte durchsetzen kann.« An anderer Stelle heißt es: »Es ist unnötig, die sogenannten Gruppen- oder Minderheitsinteressen im Bereich von Kultur, Religion oder Sprache zu schützen, indem man versucht, die betreffende Gruppe zu definieren und ihr juristischen Status zu verleihen. Nötig ist nur, die betreffenden Interessen als vom Gesetz geschützt zu bezeichnen und es Individuen zu überlassen, die Interessen, wenn nötig, durch ein Gerichtsverfahren zu schützen.«

Dieses Vorgehen – wenn die Nationale Partei es nur einsähe – berücksichtigt alle legitimen Belange von Minderheiten. Mehr noch, der Ausschuß betont: »Der Schutz von Minderheiten in diesem Land ist entscheidend, da es endlose Konflikte heraufbeschwören würde, die Rechte von Minderheitengruppen zu ignorieren.«

Sogar das Recht zur Auflösung, das Politiker der Nationalen Partei so hochhalten, wird berücksichtigt, mit dem äußerst wichtigen Vorbehalt, daß es keine Diskriminierung aufgrund von Rasse, Farbe, Religion, Sprache oder Kultur einschließt, wenn öffentliche Mittel verwendet werden. Exklusive Gruppen – ob Kirchen oder Clubs, Weinprobierer oder Knoblauchesser – werden erlaubt sein, solange sie ihre eigene Exklusivität bezahlen. Ungeachtet dieser Ideen entschied die Nationale Partei sich statt dessen für die Suche nach einem Verfassungsmodell, »das die Herrschaft einer Gruppe über eine andere verhindern« soll. Statt die vom Rechtsausschuß vorgeschlagene »Bill of Rights« zu akzeptieren, erklärt die Nationale Partei, sie »überdenke die Ratsamkeit« einer »Bill of Rights«...

In dem Fünfjahresplan ist von Repräsentation, nicht jedoch von gleicher Repräsentation, von Rechten, nicht jedoch von Gleichheit die Rede. Die Partei verharrt immer noch am Rande der Demokratie, ohne den Sprung zu wagen...

Aber es gibt einen Kompromiß-Standpunkt. Jede Diskussion über Demokratie endet nicht, sondern beginnt mit dem allgemeinen Wahlrecht. Die Nationalisten hatten unter einem neuen Parteiführer die Chance, sich für ein demokratisches System zu engagieren, den Zehnjahresplan des Rechtsausschusses zu übernehmen und Aussichten auf Frieden in den neunziger Jahren zu schaffen. Statt dessen entschieden sie sich, die müßige Suche nach dem illusorischen Rezept fortzusetzen, mit dem sich der Rassismus unter einem anderen Namen beibehalten läßt.

Durch diese Entscheidung haben sie das nächste Jahrzehnt mit Konflikt und Chaos erfüllt« *(Business Day,* 3. Juli 1989).

Als führender schwarzer Politiker, der am meisten durch die Aufnahme der Verhandlungspolitik zu gewinnen und am meisten durch das Scheitern von Verhandlungen zu verlieren hat, werde ich entschlossen vorgehen, wann immer dies möglich ist. Betrachtet man zum Beispiel die Arbeit des Südafrikanischen Rechtsausschusses und andere Faktoren, die ich oben erwähnt habe, so muß man berücksichtigen, daß in Südafrika ein interner demokratischer Prozeß im Gange ist, der im nationalen und internationalen Rahmen nur selten bemerkt wird.

Die »Reformen« der Regierung sind nicht deshalb gescheitert, weil Reformen in Südafrika unmöglich wären. Südafrika ist ein Schmelztiegel, zu dessen Bestandteilen die Nationale Partei genauso gehört wie die schwarzen politischen Organisationen.

Wenn die Nationale Partei nun zu keinem effektiven Reformprogramm imstande zu sein scheint und wenn die schwarze demokratische, gewaltlose Opposition gegen die Apartheid bisher noch nicht zum Sieg vorstoßen konnte, dann läßt sich das gleiche über die revolutionären Kräfte sagen, die ebenfalls keinen Wandel bewirkt haben.

Nun wird sich in der südafrikanischen Politik die Spreu vom Weizen trennen. Die Schwachen werden zermalmt und die Ungeeigneten an den Rand gedrückt werden. Die durchsetzungsfähigen Führer mit echter Anhängerschaft werden sich nicht auf konstitutionelle Tändeleien einlassen. Die Führer mit echter Anhängerschaft werden die Hauptakteure in Südafrika sein, denn sie wissen, wo das politische Überleben und wo der politische Untergang zu finden sind.

Die südafrikanische Regierung ahnt im Grunde, daß ihr Reformprogramm – oder jegliche Modifikation des Programms – der schwarzen Beteiligung auf Gnade oder Ungnade ausgeliefert ist. Wenn die Reformprogramme, die Mr. de Klerk verfolgt, nur von minimalem Wert sind, kann er nur mit einer minimalen schwarzen Beteiligung rechnen. Wenn sie falsch sind, wird er es mit den falschen schwarzen Beteiligten zu tun haben. Falsche Programme und Mangel an Weitblick werden nicht von schwarzen Führern, die über starken Rückhalt verfügen, unterstützt werden.

Ein radikaler Wandel ist nun, wie ich betont habe, in Südafrika ganz unvermeidlich, ob er nun durch revolutionäre Gewalt (was ich ernsthaft bezweifle) oder durch Verhandlungspolitik zustande kommt.

Die Hauptakteure, welche diesen Wandel durchsetzen werden, stehen schon bereit. Die Interessen und Beiträge dieser Hauptakteure müssen in den politischen Prozeß einbezogen werden. Es wird kein neues Südafrika geben, weil neue politische Kräfte auftauchen, sondern es wird ein neues Südafrika geben, weil die existierenden politischen Kräfte, welche die politische Bühne beherrschen, seine Entstehung ermöglichen werden. Die Nationale Partei ist äußerst anfällig, und wir werden bald erkennen, daß sie allen Belastungen einer Partei unterworfen ist, die sich in einer Übergangsphase befindet.

Ich meine, daß die Zeit gekommen ist, da die Schwarzen – unter gewissen Umständen – riskieren müssen, in Verhandlungen einzutreten, denn der Staat verfügt nicht über die Macht, seine Version der Apartheid durch eine andere zu ersetzen, also die Dinge nur bei einem anderen Namen zu nennen. Ein Wandel kann jetzt am besten durch Verhandlungspolitik bewirkt werden, und ich glaube, daß die maßgeblichen schwarzen Kräfte in Südafrika den Erfolg von gewaltloser Taktik und Strategie wünschen, denn dies wird der schnellste und günstigste Weg zum Erfolg sein.

In Südafrika konzentrieren sich nun gesellschaftliche, wirtschaftliche und politische Kräfte, die die Apartheid beseitigen werden, ohne die Hilfe derjenigen zu beanspruchen, die sich für Krieg und Revolution und letztlich für den Sozialismus in einem Einparteienstaat engagieren.

Dies bedeutet natürlich nicht, daß alle der letzteren kampflos aufgeben werden. Sie versuchen mit allen Mitteln, den Mythos am Leben zu erhalten, daß es nur einen zweiseitigen Verhandlungstisch geben könne: mit dem African National Congress und seinen Verbündeten auf der einen und der Nationalen Partei und ihren Verbündeten auf der anderen Seite. Welche Rolle bliebe dann der Inkatha, dem Pan African Congress (PAC), den »Black Consciousness«-Organisationen, der Demokratischen Partei, der Konservativen Partei, verschiedenen anderen politischen Parteien von Schwarzen, Indern und Coloureds sowie zahlreichen Bewegungen und Interessengruppen, die sich unzweifelhaft zu weiteren politischen Kräften zusammenschließen werden, wenn die Verhandlungen wirklich anstehen?

Kommentatoren der verschiedensten Richtungen merken an, daß der ANC versucht, Südafrika nur eine Alternative aufzuzwingen: einen vom ANC geführten sozialistischen Staat oder die Apartheid. Die Nationale Partei reagiert, so heißt es, mit einer anderen Botschaft an die Nation: eine gruppengestützte Verfassung oder den Sozialismus des ANC.

In einem ANC-Dokument, das die Richtlinien für eine Verhandlungslösung in Südafrika wiedergibt – und das im August 1989 vom OAU-Spezialkomitee für das südliche Afrika übernommen wurde –, wird erklärt, daß »Diskussionen zwischen der Befreiungsbewegung und dem südafrikanischen Regime stattfinden sollten, um die Einstellung der Feindseligkeiten auf beiden Seiten durch den Abschluß eines allseits bindenden Waffenstillstandes zu erreichen...«

Mit der »Befreiungsbewegung« sind der ANC und seine Verbündeten gemeint. Alle Versuche der Organisation für Afrikanische Einheit, den ANC und den PAC zur Zusammenarbeit zu bewegen, sind kläglich gescheitert. Der ANC will den Anschein erwecken, er allein sei für Verhandlungen zuständig und alle anderen Organisationen seien zweitrangig.

Meiner Meinung nach ist der ANC nicht nur über das zunehmende internationale Klima der Versöhnung beunruhigt, sondern auch über die Möglichkeit, in dem von der südafrikanischen Regierung eingeleiteten (wenn auch noch unbefriedigenden) Verhandlungsprozeß ausmanövriert oder sogar von ihm ausgeschlossen zu werden.

Beide Seiten werden vom Westen bedrängt, Verhandlungen aufzunehmen, und der ANC, der sowjetische Unterstützung genießt, hat aus Moskau die Botschaft erhalten, daß ein politischer Kompromiß erforderlich sein könne. Die Ereignisse entwickeln sich etwas zu schnell für den ANC, und nun steht er vor dem Problem, auf die Aktionen der Südafrikanischen Regierung reagieren zu müssen (nicht umgekehrt).

Die ANC-Strategie der Massenerhebung ist gescheitert, ebenso wie die Bombenkampagne seines bewaffneten Flügels Umkhonto we Sizwe. Nun kann er nur noch auf seine diplomatische Initiative setzen. Doch es wird der Organisation schwerfallen, ihre innere Einheit zu bewahren, wenn sie an friedlichen Verhandlungen teilnimmt, in denen Kompromisse unvermeidlich sind. Es ist eine Sache, mit einem besiegten Feind zu verhandeln, und eine ganz andere, mit einem Feind zu verhandeln, der nicht nur sehr mächtig ist, sondern auch in aller Stille von westlichen Verbündeten unterstützt wird, die mit einer Kompromißlösung durchaus zufrieden wären.

Die westliche Unterstützung für den ANC beruht in hohem Maße auf der früheren Weigerung der südafrikanischen Regierung, irgend etwas mit dem ANC zu tun zu haben. Nun jedoch hat die Regierung mit dem inhaftierten ANC-Führer Dr. Nelson Mandela gesprochen und ihre Bereitschaft angedeutet, mit dem ANC zu verhandeln.

Der ANC sieht Verhandlungen gewöhnlich als ein Mittel, die Macht »an das Volk zu übertragen«. Er will sich unbedingt die Rolle des einzigen Unterhändlers sichern und die Oberhand behalten, wobei er alle anderen als Helfer an die Seite der südafrikanischen Regierung manövrieren will. Dies ist offensichtlich ein Rezept für eine Katastrophe und beweist größte politische Arroganz.

Jeder Verhandlungsprozeß, der nicht alle potentiellen Partner einbezieht, wird scheitern. Vorläufig müssen wir annehmen, daß der ANC und seine Verbündeten alles tun werden, um rivalisierende Bewerber um die Macht auszuschalten und eine Verstärkung des Konflikts im Lande zu bewirken. Dies ist nicht nur meine Ansicht.

Aus diesem Grund müssen die schwarze Demokratie und die schwarze Einheit in Südafrika nun gefestigt werden. Ich habe den ANC nie ausgeschlossen, aber es ist geboten, daß schwarze wie weiße politische Kräfte aktiv ihre Rolle spielen und für den Triumph einer marktwirtschaftlichen Vielparteiendemokratie sorgen – mit oder ohne den ANC. Er selbst hat die Entscheidung zu treffen. Gleichzeitig muß die südafrikanische Regierung Konfliktzonen beseitigen, indem sie den Ausnahmezustand rückgängig macht, politische Gefangene freiläßt, die Bannung von Organisationen aufhebt und die Apartheid abbaut.

Keine Organisation, der an Südafrika gelegen ist, sollte abwarten und auf zynische Weise versuchen, Zeit für ihre eigenen politischen Zwecke zu gewinnen. Es sind Südafrika und all seine Völker, auf die es wirklich ankommt.

Die Inkatha und die Regierung von KwaZulu haben auf regionaler Ebene gezeigt, daß Schwarze und Weiße Kompromißvorschläge für konstitutionelle Entwicklungen ausarbeiten können. Unsere Ansicht ist, daß die südafrikanische Regierung isoliert bleiben muß, solange sie sich Verhandlungen auf nationaler Ebene nicht gewachsen zeigt.

Wir sind aktiv an einer Regionalplanung beteiligt, die sich weit in die Zukunft richtet. Im Jahre 1980 gründete ich die Buthelezi Kommission, die in KwaZulu und Natal Alternativen zur Apartheid untersuchen sollte. Nachdem die Kommission ihren Bericht vorgelegt hatte, nahm ich mit dem damaligen Provinzrat von Natal Verhandlungen über die Gründung einer gemeinsamen schwarzen und weißen Exekutivbehörde in der Region auf. Die Verhandlungen waren schließlich von Erfolg gekrönt, und nun ist diese nichtrassische Behörde in KwaZulu/Natal tätig. Es handelt sich um den ersten Schritt auf dem Weg zu einer multirassischen gesetzgebenden Körperschaft für die Region.

Die KwaZulu/Natal Indaba entstand durch eine gemeinsame Initiative der Regierung von KwaZulu und der Provinzverwaltung von Natal. Im Dezember 1987 legte sie Vorschläge für eine Verfassungsreform in der Region vor. Es war ein durch Konsens und Kompromiß zustande gekommenes Dokument, in dem empfohlen wurde, die Region *innerhalb Südafrikas* zu einer vereinigten nichtrassistischen Demokratie zu machen. Eine »Bill of Rights« bildet einen der Grundsteine der Verfassungsvorschläge.

Die Vorschläge sind der südafrikanischen Regierung übermittelt worden, und es gibt Kräfte, die gegen die negative Haltung der Regierung mobilisiert worden sind. Dadurch ist eine Situation der »Realpolitik« entstanden, in der die Vorschläge über Rassengruppen und alle traditionellen parteipolitischen Grenzen hinweg unterstützt werden. Unabhängige Marktforschungen zeigen, daß die

Indaba-Vorschläge nicht nur bei zentristischen politischen Kräften Anklang finden, sondern in erheblichem Maße auch bei Südafrikanern, die sich zum ANC und zur Nationalen Partei bekennen.

Professor Marinus Weichers, ein Mitglied des Verfassungskomitees und nun des Lenkungsausschusses der Indaba – er ist Lehrstuhlinhaber für Verfassungs- und Internationales Recht an der Universität von Südafrika –, schrieb in seinem kürzlich erschienenen Buch *A Guide – South African Political Terms:* »Es gibt im Grunde keine andere Inspiration für den politischen Wiederaufbau als die Ziele der Demokratie.«

Er fährt fort: »Jedes andere Ziel muß notwendigerweise zu Machtforderungen, Korruption, Unterdrückung, zu einseitiger Herrschaft und einer Verfälschung des Reformprozesses führen. Wenn es vom nationalen Interesse bestimmte Ziele gibt, können die politischen Prozesse dezentralisiert und auf die verschiedenen Teile unseres Landes verlängert werden ...«

Seiner »Zukunftsvision« zufolge muß die Bildung von Parteien gefördert und nicht mit Mißtrauen betrachtet werden.

»Weshalb sollte es nicht möglich sein, über ein völlig unparteiisches Gremium für konstitutionelle Verhandlung und Versöhnung zu verfügen, das bevollmächtigt ist, politische Parteien mit erwiesener Anhängerschaft, demokratischen Zielen, parteipolitischer Aktivität und tüchtigen Führern durch Geld und Vergünstigungen zu unterstützen?

Regionale, durch Referenda gebilligte Pläne müssen verwirklicht werden. Dieser gesamte dezentralisierte Verfassungsprozeß sowie die konstitutionelle Förderung regionaler Initiativen würden die Grundlage für die übergreifende Verfassungsstruktur bilden. Am Ende müssen all diese Vorgänge in einen Prozeß der nationalen Verfassungsschöpfung einmünden. Die Arbeit der politischen Führer, unterstützt von ihren politischen Anhängern und durch ein Referendum von der Bevölkerung als Ganzem besiegelt, würde sich schließlich in unserer nationalen Verfassung manifestieren.

Wir hören oft, daß eine Verfassung für unser Land einzigartig, etwas in der Welt noch nie Dagewesenes zu sein habe, um unseren ›einzigartigen Umständen‹ Rechnung zu tragen. Dies trifft nicht zu. Unsere Situation ist sehr komplex, aber nicht so außergewöhnlich. In den meisten Ländern der Welt gibt es gewaltige ethnische Differenzen und Minderheiten, die von einer Verfassung geschützt werden müssen. Wenn wir wirklich einem demokratischen Pfad zu Reformen folgen wollen, werden wir entdecken, daß unsere künftige Verfassung alle Merkmale vieler anderer Verfassungen trägt... Es ist zu hoffen, daß unsere künftige Verfassung so vertraut sein wird, daß sie den großen demokratischen Traditionen entspricht...

Eine der herkömmlichen Reformparolen lautet, daß man nur aus einer Machtposition heraus verhandeln und Reformen durchführen könne. Daraus erwächst die destruktive Forderung nach mehr Macht – nach Macht, die Unterdrükkung, Gewalt und Herrschaft erzeugt. In Wirklichkeit ist die Gegenwart stets der beste Zeitpunkt für Verhandlungen und Reformen...«

Unsere Arbeit in der Indaba erregte den Zorn des ANC und seiner Verbündeten. Man bezichtigte uns des Verrats und des Strebens, den Befreiungskampf zu spalten! Dies alles, obwohl wir den ehrlichen Versuch machten zu zeigen, daß eine nichtrassische Demokratie *innerhalb* Südafrikas möglich *ist* und daß unser *Beispiel,* wenn es praktiziert werden dürfte, hoffentlich auch anderswo Wurzeln schlagen und sich im ganzen Land verbreiten würde. Wenn diese Verbreitung der Demokratie Realität würde, läge auf der Hand, daß man über eine ganz neue Verfassung für Südafrika verhandeln und sie in die Praxis umsetzen könnte.

Die Argumentation unserer Gegner läuft letztlich darauf hinaus, daß alles stillstehen sollte, bis »die Macht dem Volk übergeben ist«. Die Frage der Nichtbeteiligung wird seit langem als Strategie der schwarzen Politik diskutiert. Nun ist sie zu einem unantastbaren politischen Prinzip erhoben worden.

Interessant ist, was ANC-Führer Dr. Nelson Mandela bereits im Februar 1958 über eine konstruktive Opposition schrieb. In seinem Artikel »Der Kampf hat viele Taktiken« heißt es:

> »Nach Meinung einiger ist die Beteiligung an dem System der getrennten rassischen Repräsentation in jeder Form, unabhängig von jedweden Argumenten, im Prinzip unzulässig und in der Praxis schädlich. Ihnen zufolge kann eine solche Beteiligung nur dazu dienen, das Volk zu verwirren und die Illusion zu erzeugen, daß es seine Forderungen durch eine parlamentarische Form des Kampfes durchsetzen könne. Ihrer Ansicht nach sind die Menschen nun in politischer Hinsicht so bewußt und hochentwickelt, daß sie keine Repräsentation akzeptieren können, die ihren Fortschritt auf irgendeine Weise behindert. Sie behaupten, das Volk verlange direkte Repräsentation im Parlament, in den Provinz- und Stadträten – nichts anderes werde es zufriedenstellen. Sie sagen, daß Führern, die die praktischen Vorzüge einer Beteiligung an getrennter rassischer Repräsentation zur Kenntnis nehmen, nicht die wahren Interessen des Volkes am Herzen lägen. Der entscheidende Fehler in dieser Argumentation besteht darin, daß sie den Boykott nicht als eine taktische Waffe betrachtet, die dann einzusetzen ist, wenn die objektiven Bedingungen es zulassen, sondern als ein starres, unter keinen Umständen abzuwandelndes Prinzip.«

Ich wurde als traditioneller und gewählter Führer in KwaZulu aktiv, weil die Menschen der Führung im Kampf gegen die Ideologien der südafrikanischen Regierung bedurften, die 1948 nach dem Wahlsieg der Nationalen Partei um sich griffen. Ich führte einen so heftigen Kampf gegen separate politische Einrichtungen für KwaZulu, daß sie schließlich vom Zulu-Volk kategorisch abgelehnt wurden.

Meine Opposition gegen die Apartheid fand auf örtlicher, regionaler, Provinz- und nationaler Ebene statt. Ich prangerte die Apartheid an und forderte die Ablehnung der sogenannten Homeland-Politik, die das schwarze Südafrika in ethnische Gruppen mit eigener politischer Identität und eigenem politischen Apparat teilte; diese Politik trennte die Schwarzen nicht nur von den Weißen, sondern auch voneinander. Sie hatte den Zweck, dem schwarzen Südafrika durch »Unabhängigkeit« seinen nationalen Charakter zu nehmen und die Schwarzen auf 87 Prozent des Territoriums zu Ausländern zu machen. Wir haben dieser Politik erfolgreichen Widerstand geleistet und die Staatsbürgerschaft nicht nur der Zulu, sondern auch Millionen anderer Schwarzer in Schutz genommen.

Daraufhin erklärte die Regierung uns in ihrer typisch diktatorischen Art, daß wir kein Mitspracherecht hätten und sie uns ihre Politik sogar gegen unseren Willen aufzwingen werde – was sie auch tat. Unter diesen Umständen wurde ich gebeten, das Zulu-Volk durch die vor uns liegenden Schwierigkeiten zu führen.

Ich nahm die Herausforderung an und diente in der uns aufgezwungenen Situation zunächst als oberster Verwaltungschef in der Territorialbehörde von KwaZulu, später als oberster Verwaltungsrat und nun als Chefminister. Ich gelobte, mein Volk mit Hilfe von Taktiken und Strategien zu führen, die sicherstellten, daß es seine südafrikanische Staatsbürgerschaft behalten und weiterhin seine demokratischen Rechte zur Opposition gegen die Apartheid und jegliche auf rassischer Diskriminierung beruhende Politik ausüben konnte.

Bis zu seinem tragischen Tod (1967) ermutigte mich Häuptling Albert Luthuli, ANC-Präsident und Friedensnobelpreisträger, der mich unterstützte, während ich mit meinem Volk für die Aufhebung der Apartheidsgesetze kämpfte. Er hielt die drohende »Balkanisierung« Südafrikas für eine Katastrophe. Hätten diejenigen, die nun im Exil prominente ANC-Ämter innehaben, den Gefahren mehr Aufmerksamkeit gewidmet, die Häuptling Luthuli und ich so deutlich sahen, und die Schwarzen in anderen Gebieten so sehr mobilisiert, wie ich es in KwaZulu tat, dann wäre die südafrikanische Regierung bei der Verwirklichung ihrer Homelands-Politik niemals derartig weit vorgedrungen. Die Transkei, Bophuthatswana, Venda und die Ciskei wären heute keine »unabhängigen« Staaten.

KwaZulu hat der »Unabhängigkeit« den Rücken gekehrt; die Regierung von KwaZulu und die Inkatha sind zu einem Bollwerk des Widerstandes gegen die südafrikanische Regierung geworden. Wir waren nicht bereit, müßig abzuwarten, bis unsere Unterdrücker besiegt sind. Die Menschen haben politische Hoffnungen, aber sie haben auch zunehmende wirtschaftliche und gesellschaftliche Hoffnungen und Bedürfnisse. Unsere Aufgabe war es, ihnen zu dienen und ihnen selbst unter kläglichen Bedingungen zu einem besseren Schicksal zu verhelfen.

Was meine Arbeit in KwaZulu betrifft, so werde ich von den jetzigen ANC-Führern abgelehnt – angeblich, weil ich das Amt des Chefministers innehabe, doch in Wirklichkeit handelt es sich nur um einen Teil ihrer Propagandakampagne. Sie kennen die Wahrheit. Meine einzige »Sünde« ist, daß ich mich geweigert habe, die Inkatha zu einer Stellvertreterin des exilierten ANC zu machen. Sie sind politisch naiv, denn wenn ich die Herausforderung nicht in der vom Volk verlangten Weise angenommen hätte, wäre KwaZulu inzwischen womöglich in die gleiche Position wie die Transkei, Bophuthatswana, Venda und die Ciskei manövriert worden.

Ich hatte ein gutes Verhältnis zu Oliver Tambo, dem ANC-Präsidenten, bis es 1979 in London zu einem gescheiterten Treffen zwischen ANC-Vertretern und Inkatha-Zentralkomiteemitgliedern unter unserer jeweiligen Führung kam. Der ANC störte sich nie an meiner Position als Chefminister von KwaZulu. Diese Frage war schließlich bereits mit der ANC-Führung diskutiert worden, bevor ich die Häuptlingswürde der Buthelezi-Sippe sowie mein Amt als Hauptberater von König Cyprian Bhekuzulu ka Solomon und als traditioneller »Premierminister« der Zulu-Nation übernahm.

Meine einzige »Sünde« war, wie erwähnt, daß ich mich nicht damit einverstanden erklären konnte, die Inkatha zur inländischen Vertretung des ANC zu machen. Dabei war ich bereit, im Rahmen der Strategien, über die wir uns einigen konnten, mit dem ANC zusammenzuarbeiten. Doch dies genügte dem ANC offensichtlich nicht.

Wir unternehmen im KwaZulu/Natal-Gebiet effektive und realistische Schritte, um Südafrika zu einer normalen industrialisierten Demokratie zu machen. Unsere Maßnahmen finden weithin Unterstützung. Südafrika ist nicht unrettbar verloren. Schwarze und Weiße sind zur Zusammenarbeit bereit, um neue Lösungen zu finden, wie aus den Vorschlägen der Buthelezi-Kommission und der KwaZulu/Natal Indaba sowie aus dem Bericht des Südafrikanischen Rechtsausschusses hervorgeht. Allerdings übt die Nationale Partei weiterhin einen politischen Würgegriff aus, der den in allen Bevölkerungsgruppen existierenden guten Willen zu ersticken droht.

In der weißen Gesellschaft bilden sich neue Unterströmungen heraus, und man hört die Forderung, daß die Regierung sich unseren Problemen realistisch widmen möge. Wenn es keine Hoffnung auf Erfolg gäbe, hätte ich meine Arbeit längst eingestellt.

7. Kirche und Politik – Die Notwendigkeit einer wirksamen Befreiungstheologie

Der Herr ist mein Licht und mein Heil;
vor wem sollte ich mich fürchten!
Der Herr ist meines Lebens Kraft;
vor wem sollte mir grauen!

27. Psalm

Keine noch so bescheidene Arbeit über die Zukunft Südafrikas wäre vollständig, wenn sie nicht auf das Engagement von Christen und anderen Gläubigen in Südafrika einginge, die sich alle aktiv um Frieden und Einheit sowie die Beseitigung der Übel des Rassismus bemühen.

Dieses Land hat eine bemerkenswerte Geschichte von Männern und Frauen, die sich über viele Generationen hinweg mutig zu ihren geheiligten Prinzipien bekannt haben, und dies selbst in gefahrvollen Zeiten und unter gefahrvollen Umständen. Ich denke an Bischof John Colenso, Mahatma Gandhi, Albert Luthuli, Bischof Alphaeus Zulu, Reverend S. D. Simelane, Kanonikus Xaba, Erzbischof Joost de Blank, Erzbischof Denis Hurley, Bischof Thomas Savage, Dr. Beyers Naude, den Schriftsteller Dr. Alan Paton und viele andere, die hier nicht genannt werden können. Sie erhoben die Stimme für die Gerechtigkeit und für den Triumph von Gottes Willen, während die Kräfte der Finsternis drohten und während Mächtigere die Heilige Schrift auf ihre Weise nutzten, um zu rechtfertigen, was nicht zu rechtfertigen war.

Ich bin Anglikaner, und ich suche ständig das Wort Gottes, denn ich könnte nicht ohne Ihn meinen Weg gehen. Ich hatte die Ehre, unter meinen geistlichen Beratern und Vertrauten Männer vom Kaliber des verstorbenen Bischofs Alphaeus Zulu und des früheren Erzbischofs von Kapstadt, Bill Burnett, zu haben. Wenn alles um mich herum freudlos und düster schien, ließen sie mir Trost und weisen Rat zuteil werden.

Die Botschaft, die der heilige Lukas bei seiner Beschreibung der Geburt unseres Herrn übermittelt – Friede auf Erden und den Menschen ein Wohlgefallen! –, enthält für mich den Sinn unseres irdischen Lebens.

Die Worte der Versöhnung – miteinander und mit Ihm durch Seinen Sohn – sollten für alle Südafrikaner an erster Stelle stehen, während wir unserer Zukunft entgegenblikken.

Wir müssen auch den Worten des Apostels Paulus an die Korinther Beachtung schenken: »Denn Gott war in Christo und versöhnte die Welt mit ihm selber und rechnete ihnen ihre Sünden nicht zu und hat unter uns aufgerichtet das Wort von der Versöhnung« (2. Korinther 5,6).

Es gibt keine bessere Zeit für uns als die jetzige, diese Versöhnung miteinander und mit unserem Gott anzustreben. Er schuf uns alle gleich und nach Seinem Bilde, und ich glaube, daß wir alle einander nun die Hand reichen und die von Menschen geschaffenen Schranken zwischen uns überwinden *können*. Er schuf uns, damit wir lieben, und er schuf uns, damit wir gleich sind und uns als Gleiche lieben können.

Die Apartheid und der Rassismus haben den Samen der Entzweiung in ganz Südafrika gesät, und verschiedene Kirchen und ihre Gläubigen sind, wie Politiker und andere, allzuoft uneinig über die Methoden gewesen, die uns ein neue und bessere Gesellschaft bringen oder – auch dies gilt für manche – auf katastrophale Weise den Status quo erhalten können.

Die Kirche in Südafrika ist immer noch gespalten, und ihre Führer sprechen nicht mit einer Stimme. Heutzutage lassen Kirchenführer sich zu häufig auf politische Konfrontationen ein. Manche schließen sich der jeweils modischen politischen Welle an und geben absolute Urteile über jene ab, die es wagen, anders als sie zu denken. Mich bekümmert die Tatsache, daß die in den parteipolitischen Hader verwickelten Kirchenvertreter sich oft von ihren örtlichen Gemeinden entfernt haben.

Es verwirrt mich, daß einige Kirchenführer in Südafrika als Machtpolitiker auftreten, denn ich habe stets gewußt, daß die Politik keine Erlösung bringen kann!

Gleichwohl ist die Kirche in Südafrika immer noch ein Ort, an dem Krieg gegen den Rassismus geführt wird. Ihre Erfolge im Kampf gegen den Rassismus haben wegweisende Folgen für die Gesellschaft als Ganzes gehabt. Die Kirche sucht immer noch nach ihrer wahren Identität in unserer Gesellschaft, die sich in einer Periode des Übergangs befindet. Auch die Kirche macht eine Übergangsphase durch.

Sie hat in Südafrika eine lebenswichtige Rolle zu spielen, denn sie lindert die Ängste der Menschen und gibt ihnen den Mut, Schwierigkeiten entgegenzutreten. Die Kirche kann die extreme Linke und die extreme Rechte miteinander versöhnen, denn die Botschaft des Evangeliums hat sehr spezifisch mit gutnachbarlichem Verhalten zu tun. Die Kirche kann moralischen Beistand bieten und den Menschen helfen, nicht mehr zu morden, sondern miteinander zu reden.

Als ein Mann, der eine Führungsposition innehat, weiß ich, daß sich jede Autorität letztlich von Gott herleitet. Deshalb ist es wahrhaftig eine Sünde, dieses Geschenk zu mißbrauchen.

Wir müssen die Probleme Südafrikas nach christlichen Begriffen so definieren, daß jegliche Autorität im Namen Gottes ausgeübt wird. Wir sollten uns darüber einigen, was christliche Verantwortlichkeit für jeden von uns in seinem eigenen Bereich bedeutet. Es ist notwendig, daß wir eine nationale Vorstellung von dem Willen Gottes für unser Land gewinnen.

Ich bin kein Theologe, und wenn ich von der Beziehung

zwischen Kirche und Staat spreche, dann vom Standpunkt eines christlichen schwarzen Politikers aus, der sich unter dem Beschuß derer befindet, die radikal andere Forderungen an die Kirche und an den Staat stellen und für die eine ideale Beziehung zwischen Kirche und Staat ganz anders aussieht.

Die Gesellschaft ist ein ungeheuer komplexes Gebilde, in dem sich die Autoritätsstrukturen in Regierung, Kirche, Geschäftswelt, Industrie und anderenorts auf eine Weise miteinander verschränken, die entweder eine gesunde oder eine kranke Nation hervorbringt.

Ich glaube, daß in der Geschichte dieses Landes niemals so viele darin einig gewesen sind, daß Südafrika von seinen rassistischen Wunden geheilt werden muß.

Die Meinung ist weitverbreitet, daß es in einer Apartheidgesellschaft praktisch unmöglich sei, seinen Nächsten wie sich selbst zu lieben und ihm Gutes zu tun. Wir alle möchten der Zwangsjacke der rassischen Sterilität entkommen, doch, offen gesagt, bis jetzt scheinen die Südafrikaner als Volk unfähig, Worte in Taten umzusetzen. Wir sind in der seltsamen Lage, daß niemand an der Notwendigkeit eines Wandels zweifelt, daß so viele jedoch nicht imstande sind, etwas zu unternehmen.

Als Christen müssen wir die Auseinandersetzung darüber, weshalb wir nicht rasch genug voranschreiten, überwinden und aufhören, Schuld zu verteilen.

Statt dessen muß jeder von uns die letzte Rechtfertigung für das, was wir tun, in der Autorität Gottes finden. Es ist Gehorsam Gott gegenüber, der uns befreit und uns befähigt zu lieben.

Der heilige Paulus erklärt, daß wir als Christen einander alles sagen können, solange es im Geist der Liebe geschieht. Die bitteren Auseinandersetzungen in der schwarzen Politik – zwischen Kirchenvertretern und Repräsentanten anderer politischer Gruppen, zu denen auch ich gehöre – lassen diese Liebe vermissen. In seinem Brief an die Epheser (4, 29–32) schreibt Paulus:

»Lasset kein faul Geschwätz aus eurem Munde gehen, sondern was nützlich zur Besserung ist, wo es not tut, daß es holdselig sei zu hören... Alle Bitterkeit und Grimm und Zorn und Geschrei und Lästerung sei ferne von euch samt aller Bosheit. Seid aber untereinander freundlich, herzlich und vergebet einer dem andern, gleich wie Gott euch vergeben hat in Christo.«

In vielen Teilen Südafrikas herrscht eine Trostlosigkeit, die nur durch die Rückkehr zu Christus überwunden werden kann. Keine Politik der Welt kann dem Mangel an Würde entgegenwirken, der die Abweichung vom Willen Gottes begleitet. Was wir benötigen, ist Gottes Vergebung.

Wenn Menschen um sich schlagen und morden, weil sie unterdrückt werden, so sind sie für mich die entscheidenden, zur Liebe unfähigen Opfer der Unterdrückung.

Ich bin völlig überzeugt, daß Gott niemanden von uns je einer solchen Verzweiflung anheimgibt, daß er nicht mehr zur Liebe fähig wäre. Aber wir müssen den Wunsch zur Liebe haben, bevor wir lieben können. Wir sind als moralische menschliche Wesen geschaffen worden, und wir können Wünsche verdrängen, doch wir können lieben, wenn wir es wollen.

Die große Mehrheit der Schwarzen hat sich nicht dem Haß zugewandt. Sie wünscht sich eine Situation, in der Liebe zwischen den Rassengruppen herrscht.

Ich werde häufig von Kirchenvertretern, Theologen, Angehörigen von religiösen Interessengruppen etc. besucht. Aber einige hochrangige Männer Gottes im In- und Ausland versuchen, mir aus dem Wege zu gehen. Sie haben ein Urteil über mich und meine Politik gefällt, weshalb sie mir ausweichen und andere ermuntern, das gleiche zu tun. Ich spüre nichts als ihre Ferne und ihre Mißbilligung. Es fehlt an jedem christlichen Streben, Wunden zu heilen und als Brüder in Christus zueinander zu finden – und dies bekümmert mich sehr.

Es ist ein freudiges Erlebnis, mit Brüdern und Schwestern Brot zu brechen und zu beten, die zu mir kommen, um das Wort Gottes mit mir zu teilen und über verschiedene Perspektiven der südafrikanischen Probleme und über mögliche Lösungen zu diskutieren. Andere Christen kommen mit Vorurteilen, festgelegten Programmen und einem alarmierenden Widerwillen, unterschiedlichen Standpunkten zu lauschen. Oft sind sie gehässig, parteigängerisch, bösartig und verletzend. Es fehlt jedes Gefühl der Verbundenheit, das vorhanden sein sollte, wenn Christen einander begegnen, um über Fragen von Leben und Tod zu sprechen.

Ich breite diese Gedanken hier aus, weil die Folgen entsetzlich sein können, wenn Kleriker, insbesondere Theologen, schwere Irrtümer begehen. Ich will nicht darauf hinaus, daß sie sich meiner Meinung anschließen sollten oder daß ich stets recht hätte. Mir scheint nur, daß einige ihr Mitgefühl eingegrenzt haben und sparsam mit universeller Liebe und christlichem Beistand umgehen.

Von Zeit zu Zeit habe ich das unbehagliche Gefühl, daß manche Kleriker und Theologen, denen ich begegne, viel lieber mit Revolutionären über Christus in einer blutigen Revolution sprechen würden als über Christus als den König des Friedens, der allen kriegführenden Parteien zu helfen sucht.

Deshalb bin ich als Laie manchmal gezwungen, gelehrten Theologen Fragen nach dem Gewissen westlicher Christen zu stellen. Die Evangelien stimmen Gläubige darauf ein, sich auf die Seite der Unterdrückten und der Ärmsten der Armen zu schlagen. Dafür preise ich Gott. Doch irgend etwas stimmt nicht, wenn westliche Schuldgefühle, die noch aus den Zeiten der Sklaverei und der kolonialen Ausbeutung herrühren, die Verherrlichung dramatischer Aktionen zur Folge haben.

Da die Apartheid so gräßlich ist und die Unterdrückung schon so lange andauert, neigen viele westliche Denker unwillkürlich dazu, alle Freiheitskämpfer, denen man edle Ziele zuschreibt, mit einer mystischen Aura zu umgeben.

Das im heiligen Kampf benutzte Schwert ist aufregender als der bescheiden ausgestreckte Ölzweig.

Dieser Schuldkomplex wirkt sich häufig auf religiöse und theologische Wahrnehmungen aus. Man sieht Freiheitskämpfer als eine ganz besondere Gattung an.

Man ist blind den wirklichen Absichten gegenüber, wenn eine Bombe an einer Straßenecke hinterlegt wird. Man ist blind gegenüber den Bemühungen der Revolutionäre, Südafrika mit Hilfe eines Volkskrieges unregierbar zu machen. Man ist blind gegenüber der Brutalität ökonomischer Strafmaßnahmen, welche die Ärmsten der Armen das Leben kosten könnten. Den Theologen, von denen ich spreche, mangelt es an Liebe, denn sie glauben, Er sei an einem heftigen Gegenschlag der Unterdrückten beteiligt und stehe auf der Seite der Revolutionäre, die gewöhnliche Männer, Frauen und – tragischer noch – Kinder zum Kanonenfutter ihrer Kampagnen machen.

In meiner Vision Südafrikas herrscht in vielen Bereichen ein prekäres Gleichgewicht, doch ich glaube, daß Schwarze, Weiße, Inder und Coloureds letztlich auf friedlichem Wege für Anstand und Demokratie sorgen können.

Natürlich ist nicht ausgeschlossen, daß wir scheitern. Gott hat uns das Recht zum Scheitern gegeben. Daher ist es nicht sicher, daß die Dinge, an die ich glaube, sich erfüllen werden. Es gibt sehr genau ausgewogene Gleichgewichte, in der Schwebe befindliche Kräfte und Gegenkräfte. Es gibt keine Gewißheit, nur den Glauben.

Deshalb erschreckt es mich immer wieder, wenn Theologen und hohe Kirchenvertreter dieses menschliche Gleichgewicht gefährden. Zuweilen habe ich den Eindruck, daß sie viele von uns in Südafrika durch ein Mikroskop betrachten, dessen Linsen sie selbst hergestellt haben. Sie sitzen nicht an meiner Seite, versetzen sich nicht in meine Lage, fühlen meinen Schmerz nicht mit und betrachten die Welt nicht mit meinen Augen. Ihre Distanz läßt kein Mitleid aufkommen.

Manche Theologen setzen mir ihre Theorien über das

auseinander, was ich wohl oder übel tun müsse. Ich erkläre ihnen, daß ich oft in einer Situation bin, in der ich die letzte Verantwortung habe und zwangsläufig eine Entscheidung treffen muß. In der Einsamkeit dieser Situation muß ich im tiefsten Inneren um Gottes Lenkung bitten, denn die Welt ist häufig so rätselhaft, daß ich sie nicht begreifen kann.

Ich bin bäuerlicher Herkunft und lebe sogar heute noch in einer bäuerlichen Gesellschaft, in der ich als Häuptling der Buthelezi-Sippe eine führende Rolle spielen kann. Als Chef der KwaZulu-Regierung und der Inkatha habe ich es zudem mit einigen der besten Intelligenzen und der ausgefeiltesten Gedanken der Welt zu tun. Dabei kann ich nicht übersehen, wie unvereinbar die schlichte bäuerliche Weisheit und die Weisheit der Gebildeten sind.

Im allgemeinen bereitet es mir keine Probleme, die afrikanischen Elemente meines Lebens mit den westlichen Elementen in Einklang zu bringen. Eine der wirklichen Schwierigkeiten zeigt sich im Umgang mit denen, die superklug, zu gebildet für die Grenzen ihres eigenen menschlichen Verständnisses und zu dogmatisch in ihren Äußerungen sind.

Ich habe gelernt, mich vor Männern oder Frauen in acht zu nehmen, die in kategorischen Imperativen sprechen. Wann immer Menschen eine Gelehrsamkeit an den Tag legen, durch die jede Bemerkung absolut gesetzt wird, bin ich von Gefahren umgeben.

Daher klammere ich mich ständig an das Bewußtsein, daß Christus die Angelegenheiten Südafrikas lenkt und dieses Land an sein göttlich bestimmtes Ziel führt. Es ist das Reich Christi auf Erden, nach dem wir streben sollten.

Die Tatsache, daß Christus die Entwicklungen der Menschheit lenkt, und dies auch in Südafrika, läßt mich erkennen, wie stark Er auch in den Lagern meiner Feinde wirkt, Männer und Frauen mit Sich versöhnt und denen Seine Liebe anbietet, die sündigen und Ihn verachten. Der Gedanke, daß Christus Seine göttliche Arbeit bei allen ausübt, die an den Konflikten in diesem Land beteiligt sind, verleiht der Ablehnung jener, die alles absolut setzen müssen, besondere Wichtigkeit.

Für mich ist Christus der Versöhner, und da ich meine eigene eingestandene Sünde kenne und weiß, daß die Gnade Gottes mich vor den Folgen der Sünde rettet, kann ich meinen Feind nicht für gottlos halten. Christus hat keine Position unter denen bezogen, die sich in bitterer Feindschaft gegenüberstehen. Er wirkt unter uns allen und fordert Versöhnung; er fordert, daß das Evangelium unser tägliches Leben bestimmen möge.

Die Vorstellung, daß Christus bei jeder Rassengruppe und jeder politischen Gruppe ist und versucht, die Menschen über die Klüfte in unserer polarisierten Gesellschaft hinweg zu versöhnen, lehrt mich, die Weisheit der am stärksten Unterdrückten und der Ärmsten der Armen zu beachten. Ich kehre zu dem Kontrast zwischen meiner bäuerlichen Herkunft und meiner Führungsposition zurück, weil ich diese beiden Welten miteinander versöhnen muß. Christus versöhnt sie miteinander; Er ist in beiden. Auch ich muß in beiden sein.

Ich erkläre den Theologen, daß sie erst dann über die Berechtigung einer Revolution sprechen oder über heilige Kriege theoretisieren können, wenn die Geduld eines jeden überstrapaziert ist und niemand mehr auf Versöhnung hinarbeiten will. Solange Christus mit allen am Konflikt Beteiligten in diesem Land umgeht, kann revolutionäre Gewalt nur die Tempel Gottes schänden, in denen Christus wirkt.

Wie erwähnt, bin ich häufig Gegenstand theologischer Spekulationen und Theorien. Ich muß handeln, während die Theologen nachdenken können; ich muß Entscheidungen treffen, während sie die Weisheit der Entscheidungen debattieren können. Ich muß mich mit den Beschränkungen meiner Menschenrechte abfinden können und vielleicht ganz Südafrika mit den Folgen meiner Irrtümer belasten oder ihm, was Gott geben möge, einige Vorteile hinterlassen, die aus meinem zuweilen gerechtfertigten Tun hervorgehen.

Ich kenne keine reibungslose Lösung für unsere Probleme, und die traumatische Entwicklung des Verhältnisses zwischen Staat und Kirche in Südafrika ist nicht von einem Tag auf den anderen zu überwinden. Wir sind dabei, die Bedeutung des Evangeliums für unsere Zeit und unsere veränderten Umstände zu entdecken. Es ist, als müßten wir das Evangelium durch die Gnade Gottes in unserer Gesellschaft zum Leben erwecken.

Dies fordert die demütige Einsicht, daß sich nicht alle Boten Gottes auf meiner Seite befinden. Wenn Gott ruft, wen Er ausschicken könne, ertönen Antworten über die Grenzen der politischen Lager hinweg. Der göttliche Ruf in einem Bereich des südafrikanischen Lebens unterscheidet sich von dem göttlichen Ruf in einem anderen.

An jedem Tag meines politischen Lebens muß ich mich mit den Folgen schwersten Zorns auseinandersetzen, der Individuen quält und ihre Menschlichkeit gefährdet. Mein Volk kennt Entbehrungen, die die zivilisierte Welt schaudern lassen. Einige sind der Belastung nicht gewachsen.

Diese Menschen werden zum Kanonenfutter derjenigen, die sich Macht und Ruhm erwerben möchten und für diesen politischen Luxus Welle um Welle der Ärmsten der Armen in den Tod schicken.

Es ist ein ernüchternder Gedanke, doch solche Führerschaft kann nur unter den Bedingungen der Apartheid existieren – unter denen, die jede menschliche Rücksicht aufgegeben haben, weil sie die Belastung nicht ertragen konnten. Wäre ich Demagoge, würde auch ich meine Opfer unter denen suchen, die der Belastung nicht gewachsen sind. Manchmal frage ich mich, wie man schlüssig zwischen solcher Demagogie und dem tapferen Einsatz von Gewalt in einem gerechten Krieg unterscheiden kann. Ich bin zu dieser Entscheidung nicht fähig, und ich glaube, daß allzu viele sie zu leichtfertig treffen.

Unter unseren Umständen brauchen wir besonders dringend eine Befreiungstheologie, die tatsächlich wirksam ist. Der offensichtliche Kontrast zwischen den Lebensverhältnissen der Menschen in Südafrika schreit geradezu nach Gleichheit für alle. Wenn alle verhungern, hat niemand schuld, aber wenn die Hälfte verhungert und die andere Hälfte im Überfluß verfettet, wer hat dann schuld? Soll die Befreiungstheologie, die wir suchen, anklagend über diese schlimme Grenze weisen, die die Armen von den allzu Wohlhabenden trennt? Oder soll eine wahre Befreiungstheologie sich den Gefahren der Sünden auf beiden Seiten dieser Grenze widmen? Ist Christus nicht auf beiden Seiten?

Man darf die Unschuld der Unterdrückten nicht anzweifeln, doch der Glaube sagt, daß Unterdrückte wie Unterdrücker der Rettung durch Christus bedürfen und sich zur Erfüllung der Aufgaben zusammenschließen müssen, damit Sein Wille geschehe auf Erden wie im Himmel.

In unserer Gesellschaft besteht die Gefahr, daß sich einige in ihrem Schmerz zu weit von den anderen entfernen, die nicht weniger leiden. Dann werden die leidenden Massen nur zu einer fernen Erinnerung, die einst als Ausgangspunkt diente. Das Leid anderer wird bedeutungslos.

Es ist nur allzu leicht, aus der Ferne alles zu rechtfertigen, weil so gräßliche Erinnerungen hinter einem liegen.

Ich verstehe das Mysterium von Leid und Schmerz nicht. Ich verstehe nicht, warum Christus eine Welt schuf, in der den geistlich Armen das Himmelreich gehören wird und in der die Armen und Unterdrückten gesegnet sind, weil es leichter ist, daß ein Kamel durch ein Nadelöhr gehe, denn daß ein Reicher ins Reich Gottes komme.

Ich kann nur meinem eigenen christlichen Gewissen folgen, mich nur mit dem Sinn des Evangeliums auseinandersetzen und versuchen, ihn in meiner Zeit und meiner Umgebung wiederzuentdecken.

Wir alle müssen uns bemühen, Gottes Ziele unter sehr verwirrenden Umständen zu begreifen. Gott ist Gott. Er schuf die Welt, und Er bestimmt das Geschick der Nationen. Er gibt uns Einsicht und Kraft, das Richtige zu tun.

8. Sanktionen und Desinvestition

> Es gibt nur eine entschiedene Aussage,
> die ich über die Desinvestition machen kann:
> daß ich nichts damit zu tun haben will.
> Ich werde sie weder durch ein geschriebenes
> noch durch ein gesprochenes Wort
> in irgendeiner Weise unterstützen.
>
> *Dr. Alan Paton, Verfasser von »Denn sie sollen getröstet werden«*

Die Frage ist umstritten, ob wirtschaftliche Maßnahmen gegen Südafrika eine konstruktive Opposition des Westens gegen die Apartheid zum Ausdruck bringen. In jedem westlichen Land gibt es Befürworter und Gegner von Sanktionen.

Ich frage stets: Was wünscht die Mehrheit der schwarzen Südafrikaner? Ihre Entscheidung muß meine Entscheidung sein. Sie wollen keine Strafmaßnahmen und Desinvestition. Sie wollen Arbeitsplätze, nicht Hunger. Ich weiß von keinem einzigen schwarzen Arbeiter in ganz Südafrika, der mit den Füßen abgestimmt und seinen ausländisch finanzierten Arbeitsplatz zur Unterstützung von Sanktionen freiwillig verlassen hätte. Schwarze Arbeiter stimmen mit den Füßen gegen die Desinvestition ab, wenn sie vor den Toren ausländischer Fabriken verzweifelt nach Arbeit Schlange stehen.

Der Internationalen Handelskammer zufolge sind seit 1985 mehr als 550 ausländische Gesellschaften gezwungen gewesen, ihre Filialen in Südafrika infolge von Druck und Sanktionspolitik aufzugeben. Dies habe »die politische und wirtschaftliche Verhandlungsposition der schwarzen Bevölkerung des Landes geschwächt«, hieß es in einer Vorlage der Kammer vor einem UN-Hearing in Genf über die Rolle multinationaler Handelsgesellschaften in Südafrika und Namibia (*The Star Bureau*, London, 6. September 1989).

Keine der noch in Südafrika verbleibenden ausländischen Fabriken muß ihre Produktion einstellen, weil Schwarze die Arbeit in ihr verweigern. Im Gegenteil, die meisten Schwarzen arbeiten lieber in einer Ausländern gehörenden Fabrik, denn westliche Anleger befördern schwarze Arbeiter schneller und übertragen ihnen mehr Verantwortung am Arbeitsplatz. Die schwarzen südafrikanischen Arbeiter wissen, daß ihre Familien hungern werden, wenn sie keine Arbeit haben. Und damit ist alles gesagt.

Folglich lehne ich Strafmaßnahmen und Desinvestition jeglicher Art ab. Zudem ist unklar, ob Sanktionen gegen Südafrika die gewünschten Ergebnisse erzielen werden. Es gibt keine Einigkeit darüber, wie die Folgen von Wirtschaftssanktionen wirklich aussehen werden. Wichtiger noch, in Südafrika werden abweichende Stimmen laut, die Sanktionen keineswegs für hilfreich im Befreiungskampf halten.

Für jeden Befürworter von Sanktionen – darunter Kirchenvertreter mit ausgeprägtem Medienprofil wie der anglikanische Erzbischof Desmond Tutu und der Vorsitzende des Weltbündnisses Reformierter Kirchen, Reverend Allan Boesak – gibt es Aberdutzende, die sich gegen wirtschaftliche Maßnahmen aussprechen, die jedoch nicht die gleiche internationale Publizität erhalten. Aber sie sind keine geringeren Gegner der Apartheid als Erzbischof Tutu und Reverend Boesak.

Innerhalb Erzbischof Tutus eigener Kirche gibt es viele besorgte Anglikaner, die seine Position heftig ablehnen. Zum Beispiel heißt es in einer Ressourcenuntersuchung für die anglikanische Diözese von Johannesburg: »Man fürchtet weithin, der hohe Bekanntheitsgrad des Erzbischofs könne bewirken, daß sein Ruf nach Sanktionen und nach der Isolierung Südafrikas von der übrigen Welt die Stellung der Diözese ernsthaft gefährdet.

Der Rückschlag ist bereits zu spüren, da Mitglieder ihrerseits Sanktionen gegen die Kirche verhängen, indem sie ihre Unterstützung zurückziehen oder einschränken ... Der Erzbischof mag als Individuum und als Schwarzer sprechen, doch dies wird offensichtlich nicht wahrgenommen ... die Diözese ist in der Frage der Sanktionen scharf geteilt. Viele glauben aufrichtig, daß Sanktionen den Fortschritt zu einer besser integrierten Gesellschaft um dreißig Jahre zurückwerfen und die Probleme der Apartheid eher verstärken als lösen könnten. Die Polarisierung dürfte sich fortsetzen und noch gravierender werden, wenn es nicht zu einem umfassenderen Dialog und der Einsicht kommt, daß die Sanktionsgegner von ehrlicher christlicher Überzeugung motiviert werden ...« (Ressourcenuntersuchung: erstellt von Reverend Kanonikus Peter Read, Everald Compton International).

Bischof Stanley Mogoba, Vorsitzender der Methodistenkirche des südlichen Afrika und Vorsitzender des Südafrikanischen Instituts für Rassenbeziehungen, wendet sich heftig gegen Sanktionen und erklärt, daß eine Lösung der Probleme Südafrikas auf fundierter Forschung und Analyse beruhen müsse, »nicht auf Emotionen und Kotaus vor politischen Interessengruppen«.

Dr. Mogoba sagte bei einer Zusammenkunft des Interaktionsrates in Harare, Simbabwe, die Südafrikaner seien »die Opfer politischer Rhetorik, sowohl aus dem Inland wie von ausländischen Regierungen, die die Wahrheit außer acht lassen ...« Verhandlungen seien die »einzige realistische Möglichkeit«, doch sie »eignen sich nicht so leicht wie Gewalt und Sanktionen für die politische Rhetorik derjenigen, die sich lieber von ihren Emotionen als von den Tatsachen beeinflussen lassen ...«.

Kirchengremien, die Millionen von Südafrikanern aller Rassen repräsentieren, haben heftigen Widerstand gegen Sanktionen und Desinvestition angemeldet. Reverend M. L.

Badenhorst, der Präsident der Full Gospel Church of God mit 500 000 Mitgliedern – darunter zur Hälfte Schwarze und die größte indische Christengemeinde des Landes –, ist zum Vorsitzenden einer Gruppe von 970 kirchlichen Konfessionen und Gremien ernannt worden, die Sanktionen ablehnen.

Sam Motsuenyane, Vorsitzender der Nationalen Afrikanischen Föderierten Handelskammer, meint, daß die Masse der Schwarzen unter Sanktionen leiden wird. Die Amerikanische Handelskammer in Südafrika warnt, Sanktionen und Kapitalabzug hätten örtliche weiße Firmen »bereichert« und den Schwarzen geschadet. Der Nationale Vorsitzende der Unteren Handelskammer in Südafrika, Vernon Matthysen, kehrte aus den Vereinigten Staaten mit der Behauptung zurück, daß die Befürworter von Sanktionen »völlig abgeneigt« seien, »Vernunftargumenten zu lauschen; ihnen ist es gleichgültig, ob Sanktionen zu Arbeitslosigkeit und Elend führen ...« Führende schwarze Politiker und andere, die Sanktionen ablehnten, würden als »Handlanger des Systems« abgestempelt.

Ina Perlman, die Geschäftsführerin von Operation Hunger, welche bereits mehr als 1,5 Millionen Menschen in Südafrika ernährt, die sonst umkommen würden, hat zahlreiche Reisen in die Vereinigten Staaten unternommen, um gegen Sanktionen zu plädieren. Obwohl Operation Hunger keine politische Organisation ist und keine politischen Statements abgibt, sagt Mrs. Perlman, es sei »geboten, die potentiell katastrophalen Folgen negativer Wirtschaftsmaßnahmen bekanntzumachen«.

Ein zur Untersuchung der Sanktionen ernannter Sonderausschuß der Katholischen Bischofskonferenz Südafrikas teilte mit, daß wirtschaftlicher Druck »offensichtlich eine ganz und gar kontraproduktive Wirkung auf das Verhalten der Regierung ausübte«; wenn Sanktionen den Verlust lebenswichtiger Arbeitsplätze zur Folge hätten, »sind die meisten Schwarzen zurückhaltend, was die Forcierung der Maßnahmen betrifft ... man kann nicht sagen, daß die

Schwarzen insgesamt Sanktionen begünstigten und bereit seien, die Not zu ertragen – diese Ansicht wird anscheinend nur von einer Minderheit vertreten...«

In maßgeblichen, unvoreingenommenen Forschungen, darunter ein fundierter Bericht des einflußreichen Washingtoner Investor Responsibility Research Center, wird der Schluß gezogen, daß die meisten schwarzen Südafrikaner Sanktionen und Desinvestition mißbilligten; solche Maßnahmen würden nur von einem »harten Kern« der zwischen 14 und 26 Prozent umfaßt, unterstützt.

Charles Freeman, ein hoher Beamter im amerikanischen Außenministerium, enthüllte vor einem Kongreß-Hearing, daß schwarze südafrikanische Apartheidgegner der US-Regierung »hinter verschlossenen Türen« mitgeteilt hätten, sie hegten »starke Vorbehalte« gegenüber Desinvestitionen.

Wie bereits erwähnt, lehnt die langjährige Apartheidgegnerin und Oppositionspolitikerin Helen Suzman (die sich nun im Ruhestand befindet) Sanktionen nachdrücklich ab, ebenso wie zahlreiche andere gegen die Apartheid auftretenden Individuen und Vereinigungen in ganz Südafrika, von der Mehrheit der schwarzen Massen gar nicht zu reden. Weshalb also werden wir im Westen von Personen wie Senator Edward Kennedy und anderen Politikern im US-Senat und im Repräsentantenhaus weitgehend ignoriert? Wie kann sich die Hierarchie der Anglikanischen Kirche auf ihren Lambeth-Konferenzen von den wirklichen Wünschen der Schwarzen abwenden? Warum verhalten sich die Führer des Commonwealth und andere in Europa, Australien und Kanada genauso? Es ist tragisch, daß Freunde des südafrikanischen Befreiungskampfes die Ansichten und Gefühle der meisten Schwarzen, die schließlich die Opfer der Apartheid sind, derart mißachten.

Die schwarzen Südafrikaner sind grundsätzlich anderer Meinung als einige westliche Beobachter, die glauben, daß der Kampf gegen die Apartheid nicht auf friedlichem Wege zu einem radikalen Wandel und einer gerechten Gesellschaft führen könne. Die schwarzen Südafrikaner widersprechen der Ansicht, daß die Unversöhnlichkeit der südafrikanischen Regierung einen Holocaust und unser Verderben unvermeidlich mache. Wir sind die Opfer der Apartheid, wir sind die Unterdrückten.

Die Risiken von Wirtschaftssanktionen gegen Südafrika sind nicht mit unseren Vorstellungen in Einklang zu bringen. Wir wissen, daß verlorene Arbeitsplätze in den meisten Fällen für immer verloren sein werden, wenn ausländische Firmen sich zurückziehen. Wir wissen, daß man nicht ohne ernsthafte Konsequenzen in eine Volkswirtschaft eingreifen kann. Wenn die Außenwelt den Mythos bewahrt, daß sie die Apartheid durch Sanktionen beenden könne, verlängert sie nur die Qual der Menschen in diesem Land, denen falsche Hoffnungen und leere Versprechungen gemacht werden.

Warum beharren einige Politiker so arrogant darauf, den Schwarzen vorzuschreiben, was »gut« für sie sei und wieviel Leid sie ertragen könnten? Mit zunehmender Kaufkraft werden die Schwarzen als Konsumenten immer größeren Einfluß auf die südafrikanische Wirtschaft ausüben können. Erhöhtes Wirtschaftswachstum wird auch die Opposition gegen die Apartheid verstärken. Sanktionen werden genau diese Entwicklung verhindern.

Die schwarze Wirtschaftsmacht wird, wenn man es zuläßt, zu einem so entscheidenden Faktor werden, daß die Prioritäten von Handel und Industrie, die Infrastruktur und die gesellschaftlichen Kräfte neu geordnet werden müssen, um dem Beitrag der aufstrebenden Massen gerecht zu werden. Sanktionen werden genau diese Entwicklung verhindern.

Sanktionen sind ein Rezept für Gewalt und Verzweiflung; sie sind der Feind all jener, die wünschen, daß dieses Land zu einer geeinten, nichtrassischen, marktwirtschaftlichen Vielparteiendemokratie wird. Wir müssen alles in unseren Kräften Stehende tun, um die Grundlagen der künftigen Wirtschaftsentwicklung zu legen. Es ist Wahnsinn, diese Grundlagen zu zerstören. Sanktionen sind nicht konstruktiv, sondern destruktiv. Für Schwarze liegt die einzige Würde ihrer Armut in dem Bemühen, ihre Not zu überwinden.

Inmitten der Armut, welche die Apartheid dem schwarzen Südafrika aufgezwungen hat, muß die menschliche Würde unbedingt gerettet werden. Sanktionen sind dazu nicht imstande. Die Apartheid wird letztlich scheitern, weil der Kampf um die Menschenrechte, also der Befreiungskampf, von der wirtschaftlichen Realität gestützt wird. Die Apartheid ist in wirtschaftlicher und deshalb auch in politischer Hinsicht nicht aufrechtzuerhalten.

Der wichtigste strategische Einwand gegen Sanktionen, den alle Gegner erheben, besteht darin, daß sie das Tempo verringern werden, mit dem sich das ökonomische Gleichgewicht zugunsten der Schwarzen verlagert. Wenn Südafrika nicht mehr in der Lage wäre, Kohle zu exportieren, würden Tausende von Schwarzen arbeitslos werden. Bereits heute haben Tausende von schwarzen Arbeitern in der Automontage, in der Obst-, Konserven- und Zuckerindustrie ihre Beschäftigung eingebüßt.

Man schätzt, daß 60 000 Arbeitsplätze infolge von Desinvestitionen und weitere 150 000 infolge des verminderten internationalen Handels verlorengegangen sind. Dies sind allerdings sehr vorsichtige Schätzungen. Es handelt sich um die Arbeitsplätze von Schwarzen, und die Statistik zeigt, daß jeder schwarze Einkommensbezieher neun bis zehn Angehörige ernährt. Mithin geht es mehr als *2 Millionen* Schwarzen heute aufgrund von Sanktionen bereits schlechter als zuvor.

Kurz vor der Drucklegung enthüllte eine neue Studie, daß die Sanktionen bereits *eine halbe Million* Arbeitsplätze gekostet haben und daß eine weitere Million Schwarze ihre Beschäftigung verlieren werden, falls die Maßnahmen sich die neunziger Jahre hindurch fortsetzen.

Chris van Wyk, der Geschäftsführer von Bankorp, gab die Ergebnisse einer ökonometrischen Berechnung der Trust Bank über die Multiplikatorwirkung von Sanktionen bekannt: Im Laufe eines weiteren Jahrzehnts würden zusätzlich 2 Millionen Schwarze verelendet sein. Der Erstikkungseffekt der Sanktionen auf die südafrikanische Wirtschaft habe die Schaffung vieler neuer Arbeitsplätze verhindert, so daß etwa 500 000 Menschen, die sonst eine Stellung gefunden hätten, nun erwerbslos seien.

Auf dem Symposium »Südafrika und die internationale Gemeinschaft« erklärte er außerdem, die Sanktionen hätten

- Südafrika eine kumulative Summe von 40 Milliarden Rand an ausländischer Währung gekostet, wodurch Produktionsverluste in Höhe von rund 80 Milliarden und »Lebensstandardverluste« in Höhe von insgesamt 100 Milliarden Rand entstanden seien,
- die realen Verbrauchsausgaben um 15 und das Bruttoinlandsprodukt um etwa 10 Prozent beschnitten,
- zu Kürzungen der Ausgaben für das Bildungs- und Gesundheitswesen geführt,
- die Fähigkeit Südafrikas, sein volles Exportpotential zu erreichen, beeinträchtigt und
- die Schwarzen nach links und die Weißen nach rechts radikalisiert, was den politischen Ausgleich behindere.

Mr. van Wyk erläuterte, die totale Multiplikatorwirkung der Sanktionen und der Desinvestition entspreche einer Halbierung des Goldpreises zwischen 1985 und 1989 (*Business Day*, 3. November 1989).

Die internationale Erfahrung beweist, daß Armut zu Radikalismus und Kriminalität führt, die Gesundheit gefährdet und die Ausbildung von Jugendlichen untergräbt. Diese Effekte sind in den schwarzen Townships von Südafrika nicht mehr zu übersehen. In unserem Land hungern Männer, Frauen und Kinder. Mir ist unverständlich, wie christliche, politische und Gewerkschaftsführer mehr Wirtschaftssanktionen verlangen können, obwohl die bereits verhängten Maßnahmen soviel Leid verursachen.

Sanktionen schaden auch den Weißen, doch ihre im allgemeinen größeren Ersparnisse verschaffen ihnen eine Absicherung, die den Schwarzen fehlt.

John Kane-Berman vom Südafrikanischen Institut für Rassenbeziehungen meint, die Illusion, daß die Außenwelt die Apartheid durch Strafmaßnahmen beseitigen könne, sei eines der größten Hindernisse auf dem Weg zum Wandel. »Wir haben es mit dem Glauben zu tun, daß die Schwarzen ohnmächtig seien und sich deshalb darauf verlassen müßten, daß andere in ihrem Namen für einen Wandel sorgen.«

Mr. Kane-Berman erklärte einem amerikanischen Kongreß-Unterausschuß, der Sanktionsvorschläge untersuchte, es gebe »keinen Zweifel«, daß wirksame Sanktionen zu einem weiteren Verlust von Arbeitsplätzen und einer Zunahme von Unterernährung und Säuglingssterblichkeit – die letztere sei ohnehin schon elfmal höher als die der Weißen – bei den Schwarzen führen werde. Der Unterausschuß ignorierte seinen Rat.

Es gibt eine Denkrichtung, die annimmt, daß hungernde Schwarze sich zum Aufstand erheben würden. Mr. Kane-Berman hält dies für ungewiß. Und selbst wenn sie sich erhöben, »würden sie einem Sicherheitsapparat gegenüberstehen, der durch die Sanktionen bereits unermeßlich gestärkt ist, denn sie zwangen ihn, sich jede Art von Waffen zu beschaffen, die benötigt wird, um interne Unruhen zu unterdrücken, ganz zu schweigen von seinen Möglichkeiten, auch anderswo auf dem Subkontinent enormen Schaden anzurichten«.

Diese Schwarzen würden keine reale Bedrohung für die Sicherheit des Staates darstellen, doch sie würden die schwarze Gewerkschaftsbewegung gefährden, die bereits befürchtet, daß die wachsende Reservearmee von Arbeitslosen die so mühsam erstrittene Verhandlungsposition der Gewerkschaften beeinträchtigen könnte.

Es gibt überzeugende Beweise dafür, daß eine wachsende Wirtschaft Kräfte hervorbringt, mit deren Hilfe die Schwarzen die Apartheid abbauen können. Ich habe in früheren Kapiteln Beispiele angeführt: Steigende Löhne haben Menschen ermöglicht, aus den überfüllten Townships in weiße Städte und Vororte zu ziehen; das erhöhte Schul-

und Ausbildungsniveau hat die politische Position schwarzer Gewerkschaften verändert usw.

Ausländer können den Schwarzen bei ihrer Aufgabe helfen, doch nur, wenn sie die Möglichkeiten der Schwarzen nicht unterminieren. Sanktionen lassen das wichtigste gewaltlose Mittel der Schwarzen stumpf werden: ihre Arbeitskraft. Die Schwarzen machen 65 Prozent der wirtschaftlich aktiven Bevölkerung und einen zunehmenden Anteil des qualifizierten Personals aus.

Im Laufe der Jahre habe ich auf Massenversammlungen vor Hunderttausenden von schwarzen Südafrikanern gesprochen. Kein einziges Mal haben sie meine Frage bejaht, ob sie Sanktionen und Kapitalabzug begrüßten. Ich kenne keine Organisation mit demokratisch gewählten Führern, die Sanktionen unterstützt.

Es sind schwarze Sprecher im Südafrikanischen Kirchenrat, in der Vereinigten Demokratischen Front, im Südafrikanischen Gewerkschaftskongreß und ähnlichen, ihnen verbündeten Vereinigungen, die zu Sanktionen aufrufen. Kein einziger von ihnen ist einer Massenorganisation direkt verantwortlich, sondern sie alle haben ihre Ämter Komitees zu verdanken, die ihrerseits von Komitees gewählt wurden. Diese Organisationen fungieren als inländische Ableger der Auswärtigen Mission des African National Congress.

Der ANC und all seine für Gewalt eintretenden Fraktionen verlangen wirtschaftliche Strafmaßnahmen. Die meisten Schwarzen, die um die Welt reisen, um für Sanktionen zu trommeln, tun dies teilweise deshalb, weil sie beabsichtigen, die freie Marktwirtschaft in Südafrika zu zerstören. Dies ist verständlich, denn sie sehen die Zerstörung der südafrikanischen Wirtschaft, wie ich bereits ausgeführt habe, als notwendigen Schritt zur Ausrottung der Apartheid. Es ist sehr bedeutsam, daß ausgerechnet jene, die durch revolutionäre Gewalt einen sozialistischen Einparteienstaat herbeiführen wollen, am lautesten nach Sanktionen rufen.

Die Realität ist jedoch, daß die Schwarzen in den Städten

und Dörfern ganz Südafrikas völlig auf ihren Wochenlohn angewiesen sind, um zu überleben. Es wäre absurd, wenn sie unter den Bedingungen bereits sehr hoher Arbeitslosigkeit Maßnahmen unterstützten, die noch mehr Arbeitsplätze kosten würden.

In der Allgemeinen Menschenrechtserklärung heißt es, jeder habe das Recht auf Leben, niemand dürfe unmenschlicher Behandlung unterworfen werden, jeder habe das Recht auf Arbeit und das Recht auf einen angemessenen Lebensstandard. Ich stimme mit all denen überein, die glauben, daß internationale Aktionen, die Menschen um ihren Arbeitsplatz bringen, diese Klauseln der Erklärung verletzen.

Ich erinnere mich gut an die Worte meines verstorbenen Freundes, des international gefeierten Autors Dr. Alan Paton: »Ich nehme die Lehren des Evangeliums sehr ernst, vor allem die Gleichnisse über die Tränkung der Durstigen und die Speisung der Hungernden. Mir scheint, daß Jesus solchen Handlungen höchste – ja heilige – Bedeutung verlieh. Deshalb werde ich nicht dazu beitragen, daß auch nur einer einzigen schwarzen Person solches Leid zugefügt wird ... Man wirft mir vor, dies sei eine simplistische Auslegung der Lehren des Evangeliums. So sei es. Dies ist die Auslegung, für die ich mich entscheide.

Man wirft mir auch vor, ich ignorierte die Ansicht jener schwarzen Südafrikaner, die Desinvestitionen befürworten. Die meisten dieser schwarzen Südafrikaner werden nicht zu denen gehören, die Hunger und Durst leiden. Viele von ihnen sind welterfahren, hochgebildet, in sicheren Positionen. Ich kenne auch welterfahrene und hochgebildete schwarze Männer und Frauen, die nichts mit Desinvestitionen zu tun haben wollen. Ich entscheide mich, an ihre Seite zu treten.

Man wirft mir vor, meine Ansichten, die ich für moralisch halte, seien in Wahrheit unmoralisch, weil ich mich nicht jenen Schwarzen anschließe, die Desinvestition wünschen. Dies ist für mich eine neue Interpretation der Moral:

Ich solle gewisse Ansichten übernehmen, weil einige einflußreiche Schwarze sie vertreten. Ich bin nicht zu meinem Standpunkt gelangt, weil er annehmbar – oder unannehmbar – entweder für Schwarze oder für Weiße wäre. Meiner Überzeugung nach steht weder das Wohlergehen der Schwarzen noch das Wohlergehen der Weißen an erster Stelle. An erster Stelle steht für mich das Wohlergehen meines Landes und damit das Wohlergehen seines gesamten Volkes ...

Es gibt die oft zu hörende Erklärung: ›Es macht uns nichts aus zu leiden. Wir sind es gewohnt zu leiden.‹ Aber dies ist wiederum häufig die Erklärung jener, die am wenigsten leiden werden. Kurz gesagt, mein Gewissen würde mir nicht erlauben, Desinvestitionen zu unterstützen. Denn ich muß mich selbst – und meine Leser, die das Richtige tun wollen – fragen, wie lange das dadurch verursachte Leid dauern soll, bis das gewünschte Ziel erreicht ist. Einen Monat? Zwei Monate? Ein Jahr? Vielleicht fünf oder zehn Jahre?« (Dr. Alan Paton, *Save the Beloved Country).*

Selbst wenn man anerkennt, daß es unter den Schwarzen Meinungsverschiedenheiten hinsichtlich der Vorzüge von Sanktionen und Kapitalabzug gibt, sprechen noch andere, wohlüberlegte Argumente dagegen, sie als Strategie für den Kampf gegen die Apartheid einzusetzen. Der Übersicht halber stelle ich diese Erwägungen unter einer Reihe von Überschriften vor:

Maßnahmen zum Verbot von Investitionen in Südafrika können nicht funktionieren

Es ist nicht möglich, eine Blockade gegen Südafrika zu errichten, und es ist gleichfalls unmöglich, dafür zu sorgen, daß die eine westliche Handelsgesellschaft nicht das Vakuum füllt, das vom Investitionsabzug einer anderen Handelsgesellschaft geschaffen wird. Das weite Netz internationaler Niederlassungen und gegenseitiger Geschäftsbeziehungen gibt Gesellschaften stets Gelegenheit, ihre Beziehung zu Südafrika umzustrukturieren. Zum Beispiel hat

Coca-Cola sich zurückgezogen, doch in Südafrika werden weiterhin Millionen Flaschen des Getränks verkauft. IBM hat sich zurückgezogen, doch viele tausend Personal Computers und andere IBM-Produkte werden zum Verkauf angeboten und befinden sich in Betrieb. Die Barclays Bank hat sich zurückgezogen, doch sie spielt unter dem Namen First National Bank weiterhin eine führende Rolle im südafrikanischen Finanzwesen.

Der Geschäftsmann kann zu seinem Schutz Anpassungen vornehmen, aber dies bedeutet nicht, daß es zu keinem Personalabbau käme und daß die schwarzen Arbeiter nicht trotz dieser erfolgreichen Geschäftsmanöver zu leiden hätten.

Der klassische Fall der Immunität des weißen Südafrika gegen Wirtschaftssanktionen ist der des Waffenembargos. Nicht einmal ein Jahrzehnt nach der Einführung des obligatorischen Waffenembargos gegen Südafrika wurde das Land zu einem bedeutenden Nettoexporteur von Waffen, was ihm erhebliche Einnahmen beschert.

Die Nachbarstaaten, die Sanktionen und Kapitalabzug befürworten, haben weiterhin einen beträchtlichen Handelsaustausch mit Südafrika. Für jeden verlorenen Markt wird ein anderer gesucht. Für jede abgebrochene Handelsbeziehung wird eine neue eröffnet. Desinvestitionen sind in der Praxis einfach nicht durchzusetzen.

Die Erhöhung des Wirtschaftswachstums wird die Opposition gegen die Apartheid stärken

Desinvestition ist eine Maßnahme, die aus einer korrekten zeitlichen Perspektive beurteilt werden muß. Wenn sie, wie eine Revolution, kurz, heftig und erfolgreich wäre, hätten wir es mit einer bestimmten Reihe von Erwägungen zu tun, aber wenn dies nicht der Fall ist, müssen andere Überlegungen gelten. Es wird in Südafrika keinen schlagartigen Sieg geben. Wir werden nicht in ein Utopia springen können, von dem aus alle Schäden der Revolution und der Sanktionen rasch behoben werden könnten.

Die Apartheid wird ein Ende finden. In jeder unterdrückten Gesellschaft gibt es eine aufstrebende Mittelschicht, die politische Führer und politische Macht hervorbringt.

Die Verhandlungsposition der Schwarzen verstärkt sich in Zeiten wirtschaftlichen Wachstums; die Ablösung von weißen durch schwarze Arbeiter, von weißen durch schwarze Manager erhöht sich in Zeiten wirtschaftlichen Wachstums; die Abhängigkeit der Weißen von den Schwarzen erhöht sich in Zeiten wirtschaftlichen Wachstums.

Fähigkeiten zur Anpassung an Wirtschaftssanktionen

Die südafrikanische Regierung verfügt über zahlreiche Anpassungsmöglichkeiten, mit deren Hilfe die weiße Wählerschaft vor den harschen Folgen einer Sanktionskampagne geschützt werden kann. Großunternehmen sind ebenfalls anpassungsfähig. Dabei wird der Preis der gescheiterten Sanktionen auf der gesellschaftlichen Stufenleiter ständig nach unten weitergereicht, bis die Schwarzen ihn zu zahlen haben.

Das Ausmaß erfolgreicher Sanktionen

Damit Sanktionen als Zwangsmaßnahmen gegen Pretoria wirksam sein können, müssen sie sowohl obligatorisch wie sehr umfassend sein. Sie hätten so umfassend zu sein und wären so rigoros anzuwenden, daß sie schließlich die Grundlagen des künftigen Wirtschaftswachstums vernichten würden. Eine Volkswirtschaft kann nicht nach politischem Belieben ein- und ausgeschaltet werden, und die Folge wirklich erfolgreicher Sanktionen gegen Südafrika würde darin bestehen, daß jegliche Regierung nach Abschaffung der Apartheid nicht mehr die zum Regieren notwendigen Mittel hätte.

Die politische Verletzlichkeit der herrschenden Nationalen Partei

Die Wirtschaftsentwicklung in Südafrika hat nicht nur die Bedingungen dafür geschaffen, daß die Apartheid nicht aufrechterhalten werden kann. Sie hat auch für die Notwendigkeit gesorgt, Schwarze für qualifizierte Arbeiten heranzuziehen, die vordem Weißen vorbehalten waren. Sie hat den Schwarzen Freizügigkeit verschafft, so daß die begrenzten qualifizierten Arbeitskräfte dort verfügbar sind, wo sie benötigt werden, und sie hat bewirkt, daß den Schwarzen zur Sicherung stabiler industrieller Beziehungen Gewerkschaftsrechte gewährt wurden.

Diese Entwicklung ist nicht nur von Vorteil für eine stetig zunehmende Zahl von Schwarzen, sondern sie hat auch dafür gesorgt, daß einige Grundsätze der Apartheid in Frage gestellt werden, und sie hat eine politische Krise für die herrschende Nationale Partei heraufbeschworen.

Die Apartheid als Formalisierung des Rassismus im Anschluß an die Kolonialzeit sollte den Eigeninteressen der Buren dienen, nachdem die Nationale Partei im Jahre 1948 ihre erste Wahl gewonnen hatte. Sie wurde in einer Weise gestaltet, die die Weißen zu den einzigen Entscheidungsträgern im Lande machte. Im ersten Jahrzehnt ihrer Entwicklung war es sowohl problemlos wie einträglich, sich an die Forderungen der Apartheid zu halten. Die Weißen, besonders die Buren, solidarisierten sich unter der Apartheid und wurden als spezielle Nutznießer der staatlichen Politik belohnt.

Doch während die Wirtschaftsentwicklung stürmisch voranschritt, wurde Südafrika immer abhängiger von Kräften außerhalb seiner Regierungskontrolle. Der Einfluß ausländischer Märkte, die Notwendigkeit, Technologie, Fachwissen und Kapital zu importieren, wurden zu Faktoren, die es einer stetig wachsenden Zahl von Buren ermöglichten, bei der Wahrung ihrer Interessen weniger auf die Regierung angewiesen zu sein.

Schließlich spitzte die Situation sich derartig zu, daß die Regierung für einen beträchtlichen Teil der Buren und ihre Interessen sogar zu einer Belastung wurde. Sie konnten nicht mehr erwarten, daß Kirche und Staat ihren Interessen dienten, und die industrielle Entwicklung, die von den genannten Faktoren sowie von apartheidfeindlichen ausländischen Regierungen abhing, schuf eine ganz neue Schicht von Buren, die das Burentum von innen her in Frage stellten.

Die wirtschaftlichen Faktoren standen in der Gesamtdynamik der Gesellschaft in Verbindung mit sozialen und politischen Faktoren, die einen neuen Umbruch in der weißen Politik auslösten. Die Verstocktheit der Regierung, die der Westen so fürchtet, wird nun von immer mehr Buren innerhalb der Nationalen Partei angegriffen.

Die Macht der Nationalen Partei zerbröckelt, wie ich betonen muß. Unverschämte Rassisten lehnen die Schritte ab, mit denen die Regierung den wirtschaftlichen Erfordernissen begegnen mußte. Solche Rassisten sprechen sich für einen Rechtsruck aus, und dies ist eine Gefahr für diejenigen, die im Zentrum bleiben wollen oder sich innerhalb der Nationalen Partei nach links bewegen. Zum erstenmal in der Parteigeschichte gibt es ernste innere Meinungsverschiedenheiten und zunehmende Spannungen.

Je stärker die Wirtschaftsentwicklung Südafrikas ist, desto verletzlicher wird die Führung der Nationalen Partei, was das letztliche Ergebnis des Konflikts zwischen ihrem linken und ihrem rechten Flügel betrifft. Je stärker die Parteimitglieder eine Bedrohung Südafrikas von außen wahrnehmen, desto mehr wird sich der innere Anpassungsprozeß verlangsamen. Die Drohung mit Sanktionen und mit gewaltsamen Angriffen beeinträchtigt den Prozeß, der zwangsläufig genug Druck erzeugen wird, um die Verstocktheit der Regierung zu überwinden und sie politischer Vernunft zugänglicher zu machen.

Das weiße Südafrika ist nicht rettungslos verloren, wie die Revolutionäre die Welt glauben machen wollen, und obwohl es zutrifft, daß die Apartheid nicht reformiert werden kann, muß anerkannt werden, daß die weiße Gesellschaft reformiert und das weiße politische Denken zu größerer Verantwortlichkeit geführt werden kann.

Außerdem ist nicht zu leugnen, daß Schwarze und Weiße, wie ich betont habe, einzusehen beginnen, daß sie ein gemeinsames Ziel haben, wenn sie sich ein normalisiertes Südafrika wünschen. Die öffentliche Meinung in der schwarzen und in der weißen Gesellschaft verlangt immer heftiger, daß Südafrika eine moderne industrielle Demokratie westlichen Typs wird. Immer mehr Weiße stimmen mit den Schwarzen überein, daß die Bewahrung des marktwirtschaftlichen Systems lebenswichtig ist und nur durch den Abbau der Apartheid erreicht werden kann.

Die Weißen beginnen, das Menetekel an der Wand zu sehen und zu begreifen, daß die Apartheid ihre Interessen nicht schützen kann und daß die soziale, politische und wirtschaftliche Trennung der südafrikanischen Rassengruppen auch ihnen schadet.

Westliche Beobachter sollten also einsehen, daß die Verstocktheit der südafrikanischen Regierung am besten überwunden werden kann, indem die Kräfte innerhalb des Landes gestärkt werden, welche die Verletzlichkeit der Regierung nutzen und sie zwingen können, die dem Westen genehme Richtung einzuschlagen.

Die Verantwortlichkeit der westlichen industriellen Demokratien

Es mag einen Konflikt zwischen dem internationalen Kapitalismus und dem internationalen Sozialismus geben, und es ist durchaus möglich, daß die westlichen Länder letztlich die Verantwortung dafür tragen, die unterentwickelte Dritte Welt vor den sozialen und wirtschaftlichen Konsequenzen der Armut zu retten. Doch wenn ich an die Zukunft Südafrikas und des gesamten Subkontinents denke, muß ich die Vorzüge der freien Marktwirtschaft einfach deshalb befürworten, weil es das effektivste bisher von der Menschheit entwickelte System ist und weil es den wirtschaftlichen Fortschritt bringen kann, den der Subkontinent so dringend benötigt.

Diejenigen, die am lautesten nach Desinvestition rufen, engagieren sich, wie erwähnt, am heftigsten für einen Wandel durch revolutionäre Gewalt oder für einen Wandel, der Südafrika unregierbar machen soll, damit sie in diesem

Land einen sozialistischen Staat errichten können. Armut ist wirklich ein Todfeind der Demokratie. Es gibt in Südafrika bereits ein Ausmaß von Armut, daß es jede Regierung, welche Ideologie sie auch verfolgen mag, sehr schwer machen wird, die Mehrheit des Volkes zu der subjektiven Überzeugung zu führen, daß der politische Wandel ihre Lebensbedingungen hinreichend verbessert hat.

Wenn in Südafrika eine demokratische Regierung gegründet wird, die nicht fähig ist, zum Nutzen des Volkes zu regieren und seine Hoffnungen zu befriedigen, wird sie sehr bald in Bedrängnis geraten. Ich muß mich wiederholen, weil es für mein ganzes Denken über die Zukunft Südafrikas entscheidend ist und den Schlüssel zu meiner Vision eines neuen Südafrika darstellt.

Wenn nicht Sanktionen, was dann?

Es gibt nur eine einzige Antwort: alternative Wirtschaftsmaßnahmen, die auf ein befreites und demokratisches Südafrika abzielen. Ein realistischer Aktionsplan könnte entworfen werden, um folgende Ziele durchzusetzen:

- die verbesserte wirtschaftliche Lage und die erhöhte Kaufkraft der Schwarzen, wodurch ihre gegenwärtige Armut überwunden und von Armut erzeugtes Verhalten, das zum raschen Verfall kultureller Werte und sozialer Gewalt führt, abgeschwächt würde;
- stark verbesserte Ausbildungsmöglichkeiten für die Schwarzen;
- eine Umgebung, die dem Familienleben und der Gemeinschaftsentwicklung zuträglich ist;
- die soziale Integration aller Rassengruppen Südafrikas;
- eine Umverteilung des Wohlstandes;
- die Beseitigung rassischer Diskriminierung;
- die verstärkte Schaffung von Arbeitsplätzen;
- die Beseitigung der Ausbeutung von Arbeitskräften;
- friedliche Proteste gegen die Apartheid;
- Erhöhung der Lebensqualität für die Schwarzen;

- Förderung industrieller Dezentralisierung, um das Wirtschaftswachstum in ländlichen Gemeinschaften anzukurbeln.

Ich fordere den Westen auf, eine vorbehaltliche Handels- und Investitionsstrategie als Alternative zu Sanktionen ins Auge zu fassen, mit der auf die erwähnten Ziele hingearbeitet werden könnte. Dies würde allen Hauptbeteiligten erhebliche Vorteile bringen, nicht nur den schwarzen Südafrikanern, sondern auch den überseeischen Anlegern, den ausländischen Regierungen, der südafrikanischen Geschäftswelt und allen Menschen südlich der Sahara.

Gavin Relly, der Vorsitzende der Anglo American Corporation, merkte in einem Jahresbericht an, daß eine fünfprozentige Zuwachsrate als Minimum für die Zukunft Südafrikas betrachtet werde. Er schrieb: »Gerechtigkeit und Billigkeit gedeihen nicht unter den Bedingungen der Armut, was immer die Politik der machthabenden Partei sein mag. Südafrika wird niemals in der Lage sein, die Mittel für anständige Lebensverhältnisse aufzubringen und Chancen für seine wachsende Bevölkerung zu schaffen, wenn es keine ausländischen Investitionen, im Gegensatz zu institutioneller Hilfe, anziehen kann.

Ausländisches Kapital wird nicht hierher strömen, nicht einmal nach der Abschaffung der Apartheid, wenn dieser im Grunde wünschenswerte Zustand durch so gewaltsame Mittel herbeigeführt wird, daß eine ökonomische Wüste zurückbleibt, beherrscht – und die Geschichte zeigt, daß dies der Fall sein würde – von Extremisten, die Privatkapital und Privateigentum ablehnen.«

Ein Nachwort: Verhandlungen sind jetzt möglich – Wer führt sie, wer will sie verhindern?

Vieles von dem, was ich seit vielen Jahren als unabdingbare Voraussetzungen für den Eintritt in echte Verhandlungen genannt habe, ist schließlich und endlich eingetreten: Dr. Nelson Mandela ist heute ein freier Mann, zahlreiche andere politische Gefangene wurden freigelassen, verschiedene politische Parteien und Organisationen stehen nicht mehr unter Bann und können am öffentlichen Leben teilnehmen.

Die bedingungslose Haftentlassung von Dr. Nelson Mandela machte mich überglücklich und ich hoffe zutiefst, daß wir den Weg in ein neues und demokratisches Südafrika gemeinsam beschreiten. Als er zu seiner Familie zurückkehrte und seine Arbeit für sein Land wiederaufnahm, forderte ich dazu auf, daß unser Achtungserweis der sei, den er sich sehnlichst wünsche: Einigkeit der Schwarzen. Ich rief das schwarze Südafrika dazu auf, die nationale Einigkeit zu schaffen, auf der ein schwarzer nationaler Wille aufbauen kann, Politik als Mittel einzusetzen, für das Wohl der einfachen Menschen überall im Land und ohne Ansehen der Rasse zu arbeiten. Bedauerlicherweise ist davon bisher nichts zu sehen.

Wir erleben die ersten Tage des Frohlockens über das Totengeläut für die Apartheid und über die Hoffnungen auf greifbare Reformen. Die Erwartungen sind hochgesteckt und gleichzeitig gibt es Spannungen. Personen und Organisationen drängen sich, wie es ihr gutes Recht ist, um die beste Startposition, gleichauf mit Regierung und anderen Gruppen, die unsere Zukunft bestimmen wollen.

Dies ist gewiß die Zeit konstruktiver Beiträge aller Parteien – nicht die eines unversöhnlichen »Die-oder-wir«-Dialogs zwischen extremen Gegnern in einem politischen Kampf bis zum letzten Atemzug. Wir alle müssen Sieger sein – und allen voran Südafrika.

Ich sehe keine Chancen, nur reale Gefahren in einer Politik, die auf Einschüchterung beruht und versucht, die Südafrikaner in getrennte parteipolitische und ideologische Lager zu zwingen. Man muß den Menschen die Freiheit der Wahl und der Unterscheidung lassen. Und doch sehen sich die, die ihren eigenen Standpunkt vertreten wollen, gezielten Versuchen konfrontiert, sie politisch mundtot zu machen.

Gewisse Journalisten schreiben zum Beispiel offen, daß manche südafrikanische Schwarzenführer, die Angebote »ignorieren«, sich dem ANC anzupassen, »riskieren, mit Schimpf und Schande hinweggespült und in den Mülleimer der Geschichte geworfen zu werden« (Patrick Laurence, »The Star«, 3. März 1990). Auf solchem Denken kann man keine Demokratie aufbauen.

Mr. Terror Lekota von der United Democratic Front sagte kürzlich Reportern in Washington in aller Offenheit, daß ANC/UDF beabsichtigten, mich politisch »abzuschießen«, und daß das Führungskollektiv der »demokratischen Massenbewegung« keine Treffen zwischen mir und Dr. Mandela billige.

Soweit ist es gekommen. Man hat in gewisser Weise den Fehdehandschuh geworfen. Für manche hat schwarze Einigkeit keinerlei Vorrang und ihre Absicht ist es, zu versuchen, Personen und Organisationen zu zerschmettern, die nicht in Reih und Glied mit ihnen stehen. Wir sehen bereits alle Anzeichen.

Ich will hier klarstellen, daß weder ich noch die Inkatha diese Situation gewollt haben. Wie andere dieser Kampfansage entgegentreten, ist deren Sache, ich kann nicht für sie sprechen. Einige kenne ich als furchtsame Männer und Frauen, und in Anbetracht der Dinge haben sie allen Grund dazu. Man wird ihre Stimmen zum Schweigen bringen, und von manchen wird man nie mehr etwas hören.

Inkatha reicht die Hand der Freundschaft allen, da sie die Stärke und die Bestimmung hat, auch weiterhin offen für ihre Überzeugungen einzutreten. Wir versuchen in einem sehr breiten und demokratischen politischen Zusammenhang, allen Menschen in diesem Land unsere Ziele und Vorstellungen nahezubringen, wie es jedermann auch freisteht. Versuche, uns zu »zerschmettern« und die »Inkatha ihrer politischen Basis zu berauben« (wie dies als Ziel in offiziellen ANC-Dokumenten festgehalten ist), haben unsere Entschlossenheit nur verstärkt, uns für ein *wirkliches* Mehrparteiensystem in unserem Land einzusetzen.

Wir fordern alle Organisationen und deren Führer dazu auf, die Notwendigkeit zu erkennen, über alles Trennende hinweg einen wertvollen Beitrag für die bevorstehenden Verhandlungen zu leisten. Es leuchtet uns schlicht nicht ein, daß dies nicht im wohlerwogenen Interesse Südafrikas liegen sollte. Das heißt nicht, wie man uns vorwirft, den Befreiungskampf zu spalten. Wir sehen darin einen Weg, einen bedeutsamen Konsens sicherzustellen und dauerhaften nationalen Frieden und Sicherheit zu erreichen. Aber, nochmals, Inkatha spielt das politische Spiel nicht nach der Regel »Der Sieger nimmt alles«.

Ich schreibe dies kurz nach der Rückkehr von einer Auslandsreise, auf der ich mit Premierministerin Margaret Thatcher und Präsident George Bush zusammentraf. Bei meiner Ankunft gab es eine Pressekonferenz.

Die Fragen mancher Reporter richteten sich nicht darauf, wie ich und die Inkatha unseren Beitrag zu den hierzulande bevorstehenden Verhandlungen einschätzen, es waren vielmehr verhörähnliche Fragen (fast schon Beschuldigungen, die Verrat beinhalteten) danach, weswegen die Inkatha sich nicht dem African National Congress »angeschlossen« habe. Einige gehen mit der Vorstellung hausieren, daß nur der ANC ein neues Südafrika herbeiverhandeln kann.

Ich stelle die Frage: Ist der ANC bereit, an einem politischen Prozeß teilzunehmen, in dem er eine von vielen Parteien ist, die mit der Regierung verhandeln? Ich frage außerdem, ob es im wohlverstandenen Interesse Südafrikas ist, wenn es in den Verhandlungen zu einer Polarisierung zwischen ANC und der Regierung kommt. Zu wenige machen sich wirklich Gedanken darüber, warum der ANC auf seiner Erklärung von Harare beharrt und noch immer die Beibehaltung von Sanktionen gegen Südafrika fordert.

Irgendwo vergessen viele hierzulande und im Ausland den Punkt, daß nationale Einheit in Südafrika nicht auf Kadavergehorsam einer bestimmten Partei gegenüber aufgebaut werden darf. Die jüngsten Ereignisse im Ostblock und in der Sowjetunion sind Lektionen, aus denen viele hierzulande bisher nichts gelernt haben. Dies Versäumnis wird sich zu unseren Lasten auswirken.

Das Dokument von Harare ist das erste Beispiel dafür, was sich zu einer gefährlichen Tendenz bei den politischen Verhandlungen in Südafrika entwickeln könnte. Der ANC traf sich in Harare und beschloß die Erklärung von Harare. Er trug diese Erklärung der Organisation für Afrikanische Einheit (OAU) vor, die sie billigte. Sie wurde auch den nicht angeschlossenen Ländern vorgelegt, und auch diese billigten sie. Schließlich wurde sie vor die Vereinten Nationen gebracht, die sie im wesentlichen mit kleineren Vorbehalten billigten.

Der ANC legt diese Erklärung nun als ein Dokument auf den Tisch, dessen Tenor wahre internationale Zustimmung und Unterstützung findet. Sie ist aber kein Dokument des Volkswillens. Sie wurde nicht vom Volk Südafrikas gebilligt. Sie vermittelt Behauptungen über die Vormachtstellung des ANC und wurde abgefaßt, um die Behauptung zu untermauern, nur Verhandlungen zwischen dem ANC und der südafrikanischen Regierung seien hierzulande von entscheidender Bedeutung.

Der ANC ist eine von vielen Parteien in Südafrika. Es ist jetzt an der Zeit, alle Versuche zu durchkreuzen, die die Vorstellung vermitteln, es könne nur Verhandlungen zwischen dem ANC und der Regierung Südafrikas geben und alle anderen Parteien hätten sich dem einen oder anderen

Lager anzuschließen. Wer darauf besteht, wird den ganzen politischen Veränderungsprozeß in Südafrika aufs Schwerste belasten.

Sollte sich daran nichts ändern, so warne ich schon heute vor einer sorgenerfüllten Zukunft. Ich erinnere warnend an die alte Sage der Zulus, in der ein junger Hirte einem fremden Wanderer von einer Giftschlange hinter der nächsten Wegkehre erzählt und ihn vor ihrem tödlichen Biß warnt. Daß der junge Hirte die Gefahr kannte, heißt nicht, daß er sie verursachte.

Westliche Regierungen sind dringend dazu aufgerufen, alles diplomatisch Mögliche zu tun, die Entwicklungen zu unterstützen, in denen parteipolitische Interessen mit den Interessen des Staates und aller Südafrikaner verknüpft sind. Ich bin fest davon überzeugt, daß nur eine von Schwarz und Weiß gleichermaßen getragene Mehrparteiendemokratie eine Überlebenschance in Südafrika hat.

Bereits jetzt nimmt der Mangel an Kompromißbereitschaft und Bereitschaft zum Teilen und zum Geben und Nehmen bedrohliche Formen an. In einigen Gebieten des Landes brach von neuem Gewalt aus, in anderen geht sie unvermindert weiter. Das erschreckt mich. Ich lehne Gewalt strikt ab. Ich werde bis zum Tod glauben, daß Gewaltlosigkeit und friedliche Ziele vorrangig, edel und aller Mühen wert sind, und daß sie in aller Herzen und Hirne für ewige Zeiten eingegraben werden sollten.

Täglich nehmen die Dimensionen eines Konfliktes nach den Regeln »Der Gewinner nimmt alles« deutlichere Formen an, eines Kampfes derer, die entschlossen sind, in ihrem Streben nach Alleinherrschaft jede Opposition zu beseitigen. Es ist eine tragische und äußerst besorgniserregende Situation. Aufrufe, Aufforderungen und sogar dringende Bitten um Zurückhaltung, Disziplin und Einigkeit haben nicht das Geringste bewirkt. Das Morden, Brandstiften und Plündern nimmt kein Ende.

Wie ich stark befürchtet habe, hat der Mythos des »bewaffneten Kampfes« des ANC und das sogenannte

»Recht« einiger Leute, den »Feind« nach Möglichkeit ins Jenseits zu befördern, jetzt die Grenzen überschritten und in unseren Townships und Städten Einzug gehalten.

Für viele sind schwarze Brüder zu »Feinden« geworden, die man zu Tode prügelt oder aus politischen, kriminellen oder anderen sozioökonomischen Gründen einschüchtert. Geschäfte, Häuser, Fabriken, alle erdenklichen Einrichtungen werden in einer sich verbreitenden Zerstörungsorgie bis auf die Grundmauern niedergebrannt. Kampf- und Einflußzonen werden abgesteckt. Familien fliehen aus ihren Wohnungen und suchen anderswo Zuflucht, Sicherheit und Schutz. Manche fordern den Einsatz von Polizei und Militär, manche lehnen ihn ab.

Tausende von Familienernährern vergrößern nun zusätzlich das Heer der Arbeitslosen, weil ihre Arbeitsstätten in Schutt und Asche liegen. Das heißt, daß darüber hinaus Zehntausende, die auf die Einkommen dieser Arbeiter angewiesen sind, kein Geld für Lebensmittel, Miete usw. haben. Millionen fehlt heute in Südafrika alles für den Lebensunterhalt Nötige wegen der verbreiteten Arbeitslosigkeit, die auf wirtschaftliche und andere Bedingungen zurückgeht und durch Sanktionen und Kapitalabzug beträchtlich verschärft wird.

Zahlreiche Geschäftsleute denken an Auswanderung nach Australien, während andere hektisch Milliarden von Rand in Übersee anlegen, außerhalb der Reichweite derer, die von Verstaatlichung und ihren »Vorstellungen« von den Ursachen der Gewalt reden.

Vom ANC einst als unumgänglich befürwortete Mittel für den Befreiungskampf – es war recht und billig, oft sogar Pflicht, »Kollaborateure« und Gegner, darunter Stadträte, Polizisten und Leute wie mich, die man aus welchen Gründen auch immer als Mordopfer ausgesucht hatte, zu ermorden – gehen nun als Saat der Anarchie auf.

Gewaltbereite Jugendliche, arbeitslose Erwachsene und andere, die das Chaos erleben, sind außer Kontrolle, und selbst wenn der ANC gelegentlich zugibt, seine Militanz zu bedauern, so ist doch bereits zuviel Schaden angerichtet. Die Atmosphäre ist bedrohlich.

Es ist einfach so, daß keine Organisation mit gespaltener Zunge sprechen kann. Der ANC sagt einerseits, sein bewaffneter Kampf werde (wie wirkungslos auch immer) weitergehen und fordert andererseits dazu auf, Gewehre und Messer im Interesse des Friedens und der Einheit aller Schwarzen im Meer zu versenken. Er spricht von Demokratie, während einige seiner Sprecher offen versuchen, Gefolgschaft für ihre Vorstellungen zu erzwingen – mit Sicherheit zumindest, sofern die Inkatha betroffen ist. So kann es nicht weitergehen. Die Zeit ist reif für ein offenes Wort.

Als ich dieses Buch begann, gab ich mich der Hoffnung hin, die Meinungsverschiedenheiten zwischen Führern und Organisatoren der Schwarzen herunterspielen zu können. Ich dachte, mit dem Beginn von Verhandlungen sei es möglich, daß wir alle nach den Spielregeln des Fairplay konkurrieren könnten, wie dies in beträchtlichem Umfang in der Politik vieler Demokratien überall in der Welt der Fall ist. Ich behaupte nicht, es ginge ohne Konkurrenz auf Hieb und Stich, wie sie überall eine Rolle spielt. Ich spreche vom prinzipiellen Recht, dem Volk politische Optionen zu präsentieren, über die zu entscheiden das Volk die letzte Instanz ist. Ich hatte gehofft, und hoffe immer noch, daß eine Mehrparteienstrategie ganz selbstverständlich für alle akzeptabel sei. Soweit es einige Leute betrifft, habe ich zuviel erhofft.

Nun heißt es abwarten. Die Demokratie steht auf dem Spiel und eines ist klar: Es ist kein Kinderspiel, einen Krieg zu gewinnen oder einen Einparteienstaat zu errichten.

Das Vertrauen der Wirtschaft wird weder durch den Ruf nach Verstaatlichung noch durch den Anblick brennender Gebäude, verstümmelter Leichen, Anschläge und Szenen von Randalierern gewonnen. Das nationale Vertrauen, daß Schwarz und Weiß *jetzt* beginnen, ein neues Südafrika zu schaffen, ist im Kern erschüttert und Verwirrung und Mißtrauen greifen um sich, wenn Aufrufe nicht enden, wie der von Dr. Nelson Mandela in Stockholm, die Regierungen der Welt sollten die Sanktionen »drastisch« intensivieren und Südafrika mit einem »totalen« diplomatischen, kulturellen und sportlichen Boykott belegen.

Wie soll dies, wie er behauptet, Pretoria dazu »zwingen«, eine »friedliche Verhandlungslösung« zu akzeptieren? Pretoria hat bereits völlig klargestellt, daß es eine friedliche Verhandlungslösung anstrebt. Das ist eine Aufgabe, die uns alle herausfordert.

Ich gebe meinen ernsten Sorgen über die Konsequenzen Ausdruck, unter denen wir alle leiden werden, wenn eine große Zahl von Menschen den Befreiungskampf als ihren Way of life betrachten und sich nicht auf die Art politischer Gestaltung vorbereiten, die wir 1990 überall erleben werden. Ich warne vor Schwarzenführern, die den Kontakt zu dem Volk verloren haben, das nach Frieden und wachsendem Wohlstand schreit. Wirklichen Fortschritt bringt am Verhandlungstisch letztlich nur die Absage an Gewalt in Südafrika und die Schaffung von Chancengleichheit für alle.

Geschichte und Politik haben bereits die Hauptdarsteller für die Verhandlungen bestimmt. Die große Bühne für ihre Auftritte ist vorhanden. Das Publikum hat bereits erwartungsvoll Platz genommen.

Was ich sage könnte vielleicht als Herausforderung interpretiert werden, eine Konfrontation zwischen Dr. Mandela und mir vorzubereiten. Dies ist nicht mein Ziel. Dr. Mandela spricht in Interviews von mir als einem langjährigen Freund und er hat völlig recht. Er hatte meine Freundschaft mit Sicherheit seit meiner Jugend, und er hat sie noch. Selbst wenn wir am derzeitigen Kreuzweg der politischen Entwicklung in Südafrika unterschiedliche Positionen einnehmen, werden wir Freunde bleiben. Und selbst unter diesem Aspekt gibt es meiner Ansicht nach nur wenige Streitfragen, bei denen wir übereinstimmen, nicht übereinzustimmen.

Zum Beispiel, wenn Dr. Mandela von der Notwendigkeit der Fortsetzung des bewaffneten Kampfes spricht; wenn er über die Notwendigkeit der Verstaatlichung spricht; wenn er Israel mit Südafrika vergleicht oder wenn er verschärfte Sanktionen gegen Südafrika und fortgesetzten internationalen Druck fordert, so greift er nicht unbedingt mich persönlich an.

Wenn ich diese Punkte in Frage stelle, greife ich ihn nicht unbedingt persönlich an. Ich hege tiefen Respekt für Dr. Mandela. Ich sage nur: »Lieber Freund, in diesen Punkten irrst du dich gewaltig. Du bist in bezug auf dich, den ANC und Südafrika auf dem Holzweg. Das ist alles. Das schmälert nicht meine Liebe und meinen Respekt für dich und die Opfer, die du für uns alle auf dich genommen hast.«

Zwar sind Dr. Mandela und ich in einigen Fragen anderer, in manchen Fragen sogar absolut verschiedener Meinung, doch gibt es ein großes Bedürfnis nach Dialog, denn es gibt einige Dinge, die wir gemeinsam hegen und schützen müssen. Zum Beispiel hat er sehr wahrhaftig an die Notwendigkeit schwarzer Einigkeit erinnert.

Es gibt einen starken »Südafrikanismus«, der sich jetzt als demokratiefreundlich herausstellen wird. Dr. Mandela und ich sollten klar zu erkennen geben, daß alles, was immer wir getrennt oder unter Umständen gemeinsam unternehmen, dieses demokratiefreundliche neue Südafrika-Gefühl nähren muß.

Dr. Mandela ist heute ein freier Mann und kann als charaktervolle Persönlichkeit seine eigenen Taktiken und Strategien verfolgen und seine eigenen Prioritäten setzen. Dies gilt genauso für mich. Sollten jedoch unsere Streitfelder Gespräche und Diskussionen über unsere wesentlichen Differenzen ausschließen, so müßten wir die Gründe für manche gemeinsamen Fehlleistungen vor der eigenen Haustür suchen.

Meinungsverschiedenheiten zwischen Schwarzen sind in erster Linie Differenzen darüber, wie wir gemeinsame Werte aufbauen und sichern können, und sie sind Differenzen über die geeignetsten Voraussetzungen für das Bewahren unserer gemeinsamen Werte. Es gibt gute politische Gründe dafür, weswegen die Einheit der Schwarzen auf der Übereinstimmung über eine Mehrfachstrategie aufbauen muß. Anders ist sie nicht erreichbar. Es gibt eine Reihe von Dingen, die zur Gefahr für jeden von uns werden können, wenn wir sie nicht gemeinsam bekämpfen oder gemeinsam bewahren.

Das schwarze Südafrika muß jetzt mit sich selbst ins Reine kommen. Was immer die Betroffenen tun, hat weitreichende Folgen.

Dies ist, wie ich glaube, die Zeit, auf eine Regierung der nationalen Einheit und Aussöhnung hinzuwirken. Als ich die Arbeit an diesem Buch begann, hatte ich nicht die leiseste Ahnung, wie schnell die Dinge in Bewegung kommen würden. Niemand konnte es ahnen. Einige wurden völlig auf dem falschen Fuß erwischt und versuchen jetzt hechelnd, Verhandlungsweisen und -positionen zu erarbeiten und durchzusetzen. Sie hegen Illusionen, die politische Vorherrschaft zu erobern, die doch in Wirklichkeit allen Südafrikanern zufallen sollte.

Ich bin in der glücklichen Lage, dort zu stehen, wo ich immer stand; ich muß mich nicht bewegen. Mein Platz war immer die Mitte, bei der schweigenden Mehrheit, die sich nach politischem Anstand, Demokratie und einem friedlichen Ende des Rassismus sehnt. Die Inkatha mußte sich nicht anpassen, um für eine Politik der Mitte gestaltende Kraft zu bleiben. Ihre Politik bleibt die der vergangenen Jahre und muß nicht erst geändert werden, um ihren Beitrag in dieser Phase der Verhandlungen, auf die wir hingearbeitet haben, leisten zu können.

Die regierende Nationale Partei und die Regierung des Landes sind genau und direkt auf unsere Überlegungen eingeschwenkt, als sie die Mehrzahl der Verhandlungsbarrieren konstruktiv anerkannt haben, auf die die Inkatha seit Jahren bis zum Überdruß hingewiesen und die sie formuliert hat. Heute reden auch sie, wie wir es immer getan haben, von Verhandlungen über die Abschaffung der Apartheid und von einem Mehrparteien-, marktwirtschaftlichen, demokratischen Südafrika mit Chancengleichheit für alle. Man entschuldigt sich für die Übel der Apartheid, gesteht eine überzogene, korrupte, hemmungslose Machtausübung ein.

Andererseits kann nun der ANC und seine Hilfstruppen nicht länger wortgewaltig davon sprechen, er »übernehme die Macht«, er kann nicht in der Rolle einer Exilregierung zurückkehren. Auch sie scheinen sich, wenn auch widerwillig und zögernd, auf die politische Mitte zuzubewegen, von wo die echten Kräfte einer sinnvollen Veränderung ausgehen.

Sie werden ausmanövriert, wenn sie Verhandlungen boykottieren, und sie wissen es. Sie können nur versuchen, sie wegen ihrer eigenen Ziele zu torpedieren. Ironischerweise zwingt sie der »Feind« (wenn auch sehr unauffällig), die Bälle zu fangen. Aber es sind neue Bälle im Spiel.

Ich sage: »Schnappt den Ball und sucht den Weg zum Tor.« Die Apartheid steht nicht mehr im Weg. Der Staatspräsident kann nicht mehr hinter seine Aussagen zurückgehen. Versuchte er es, so würde dies eine völlig unkontrollierbare Sturmflut von Wut und Gewalt auslösen.

Fahren wir fort, das Wohl der Bürger zu fördern, und ihnen alle Sicherheit zu geben. Statt dessen setzt der ANC sein Säbelgerassel fort, indem er mit der Weiterführung des »bewaffneten Kampfes« von jenseits der Grenzen droht. Dabei ist ihm fast völlig die Kontrolle über Aufruhr und fortgesetzte schwarze Gewalt innerhalb der Grenzen entglitten, obgleich er doch ständig die uneingeschränkte Unterstützung durch die Massen betont. Die Absicht, Südafrika »unregierbar« zu machen, ließ eine bittere, ungenießbare Saat aufgehen. Die Weißen beobachten nun mit hellwachem Blick die Barbareien mancher Schwarzer und wünschen eindeutig, sie hätten die Ohren vor den politischen und ökonomischen Vorschlägen anderer verschlossen.

Während ich diese Zeilen schreibe, sucht der ANC nach

gewaltiger internationaler Finanzhilfe, um den Weg zu ebnen für den Aufbau von Machtzentren und -strukturen in Südafrika. Es steht auf einem völlig anderen Blatt, ob vergleichbare Geldquellen sich auch anderen politischen Organisationen, die Inkatha eingeschlossen, im Sinne eines fairen Wettbewerbs erschließen. Der Westen muß sich davor hüten, durch ein Spiel mit präparierten Würfeln die Chancen für ein Mehrparteiensystem für *alle* Südafrikaner zu vertun.

Sollte die Welt die Unterstützung einer Politik der Konfrontation weiterführen, obwohl die südafrikanische Regierung einen Riesenschritt in Richtung auf eine Politik der Aussöhnung getan hat, so befürchte ich aus gutem Grund einen Gegenschlag konservativer Weißer.

Der ANC und die ANC-Presse mögen jammern und heulen, wenn ich versichere: »Sie *sind* derzeit gezwungen, sich Zentimeter für Zentimeter, Schritt für Schritt dahin zu bewegen, wo ich stehe – auf dem Verhandlungsstandpunkt. Aber sie können dies nicht mit dem Gewehr im Anschlag und Haftminen in der Aktentasche tun. Eher früher denn später müssen sie ihre Karten auf den Tisch legen. Sie können gleichberechtigte Verhandlungspartner sein oder sie werden den Weg des Vandalismus beschreiten. Schon haben Sympathisanten wie Erzbischof Desmond Tutu und Präsident Kenneth Kaunda dringend dazu aufgefordert, auf Gewalt als Mittel der Politik zu verzichten, bedauerlicherweise ohne Erfolg. Man sieht die ersten Zeichen. Es gibt erste Warnungen.

Die Vorstellungen des ANC und meine von Verhandlungen unterscheiden sich gewaltig, doch anders als ich müssen sie auf die militärische Ausstattung ihrer ehemaligen »Machtbasen« verzichten, wenn sie wirklich freie und faire Verhandlungen anstreben. Ich war immer für Palaver anstelle von Drohgebärden. Sie werden es genauso halten müssen oder in diesem Land wird der Teufel los sein. Der Westen muß die Entwicklung der Dinge und die politischen Postulate sehr sorgfältig analysieren.

Das Harare-Dokument spricht offen von der Absicht des ANC, sich nicht als gleichberechtigter Partner neben der südafrikanischen Regierung und anderen Gruppierungen an Verhandlungen über die Zukunft des Landes zu beteiligen. Man will über diese Zukunft in einer Art konstituierender Versammlung entscheiden, in der der ANC der beherrschende Faktor ist. Das Harare-Dokument wirft die Forderung nach Machtverzicht der südafrikanischen Regierung auf, die herrschende Nationale Partei müßte einen Platz als Partei unter vielen einnehmen. Es gibt in diesem Zusammenhang Lektionen der Zeitgeschichte, die manche nicht gelernt haben.

Was sie fordern, kann nur das Endergebnis südafrikanischer Politik sein, und dies kann nur durch zähe Verhandlungen erreicht werden. Südafrika ist nicht Simbabwe, und ich wiederhole nochmals, daß das weiße Südafrika keine Lösung im Sinne einer Art Lancaster-House-Konferenz akzeptieren wird. Südafrika ist auch nicht Mozambique oder Angola. Wie bereits erwähnt haben die Weißen in Südafrika weitreichende wirtschaftliche Macht und eine überwältigende militärische Macht. Ob uns das recht ist oder nicht, sie kontrollieren die Staatsfinanzen und alle Regierungs- und sonstigen Bereiche. Sie äußern ihren Wunsch, die Macht zu teilen, weil sie wissen, daß sie sonst vielleicht dazu gezwungen werden. Sie denken in den Kategorien einer *Entwicklung,* die uns zur Machtbeteiligung führt.

Wir können uns einen Gegenschlag konservativer Weißer, der auf das Versagen Schwarzer zurückgeht, nicht leisten. Er würde die Politik der Verhandlungen zum Stillstand bringen. Wir können uns aber auch keinen Gegenschlag extremistischer Schwarzer leisten, der im Versagen der Weißen seinen Grund hat. Alle Forderungen des schwarzen Südafrika und viele mehr werden erfüllt, wenn es seine Trümpfe geschickt ausspielt.

Etwas bewegt mein politisches Denken zutiefst, und zwar die uneingeschränkte Überzeugung, daß politische

Macht, die sich nicht ausschließlich auf den Gewinn echter, in wirklich aufrichtigen demokratischen Beratungen erzielter Mandate gründet, nur eine sehr vorübergehende Macht ist.

Zu diesem Ziel hat die Inkatha ein Dokument mit dem Titel »Die Inkatha-Erklärung von 1990« skizziert, das, wie wir glauben, im Gegensatz zur Harare-Deklaration des ANC die Ideen und den Geist umfaßt, die vom schwarzen Südafrika gefordert werden, damit *alle* Beteiligten Verhandlungen beginnen und schließlich absegnen können, die als Endergebnis ein wahrhaft demokratisches und einiges Südafrika haben.

Die Inkatha-Erklärung von 1990

Präambel

Südafrika ist ganz offensichtlich in einem Übergangsprozeß von einer überholten Apartheidsgesellschaft zu einer echten Mehrparteiendemokratie, und da die Zeit hierfür reif ist, ist es für alle Patrioten zwingend, dem Wohl des Landes Vorrang einzuräumen und alle politischen Parteien aufzufordern, diesem Beispiel zu folgen.

Der Übergang von einer alten zu einer neuen Ordnung muß Sache des ganzen Volkes sein. Alle politischen Parteien müssen am Verhandlungsprozeß beteiligt werden.

Wir werden *ein* Südafrika mit *einem* Volk sein, das sich auf ein einziges gemeinsames Geschick zubewegt. Die Verhandlungen müssen sich deshalb darauf richten, ein Verfassungsmodell und -ziel zu erarbeiten, das nicht nur eine Rechtsordnung, sondern auch eine Sozial- und eine Wirtschaftsordnung schafft, die für die Mehrheit des Volkes in diesem Lande annehmbar sind.

Ein demokratisches Rechtssystem, das den Erfordernissen Südafrikas entspricht

Wie auch immer das demokratische System letztlich aussehen mag, für die Verhandlungen ist unbedingt Voraussetzung, daß:

1. alle Menschen in dieser ihrer Heimat oder Wahlheimat frei sind;
2. alle Menschen Religionsfreiheit genießen und alle Gotteshäuser des Landes unantastbar sind;
3. alle Menschen an der Regierung des Landes teilhaben auf der Grundlage völliger Gleichheit vor dem Gesetz und auf der Grundlage eines uneingeschränkten Erwachsenenstimmrechts, durch das Volksvertreter frei gewählt werden;
4. die Persönlichkeitsrechte ohne Ansehen von Rasse, Farbe, Religion und Geschlecht vom Gesetz geschützt werden;
5. die Rechtsprechung unabhängig und der Rechtsstaat durch Verfassungsgarantien gewährleistet ist;
6. innerhalb der durch Gewohnheitsrechte und Gesetze der zivilisierten Welt bestimmten vernünftigen Grenzen Redefreiheit herrscht und alle Freiheit der Meinung und des Wortes genießen sowie das Recht, Ideen in allen Medien zu verbreiten;
7. innerhalb der Grenzen Südafrikas Freizügigkeit und freie Wahl des Wohnorts herrscht;
8. unter der Voraussetzung der Friedfertigkeit Versammlungs- und Vereinigungsfreiheit besteht und niemand einer Zwangsmitgliedschaft unterliegt;
9. es ein allgemeines Recht auf Arbeit und ein allgemeines Recht auf gerechte und billige Arbeitsbedingungen gibt;
10. es das Recht gibt, Gewerkschaften zu gründen und ihnen beizutreten;
11. es ein Recht auf Gleichheit vor dem Gesetz und auf den Gebieten der sozialen Sicherheit und Erziehung gibt;
12. es ein Elternrecht auf freie Schulwahl für die Kinder

gibt, auch auf die Wahl von Privatschulen, wenn die staatliche Ausbildung nicht ihre Zustimmung findet;

13. es das Recht auf freie Persönlichkeitsentfaltung gibt, die den einzelnen nur insofern einschränkt, als dies Gesetzesbestimmungen zu dem alleinigen Zweck zulassen, die Rechte und Freiheiten anderer zu schützen und billige Anforderungen an Moral, öffentliche Ordnung, Allgemeinwohl und eine demokratische Gesellschaft zu erfüllen;
14. das bewegliche und unbewegliche Eigentum aller geschützt ist;
15. es das Recht zum Schutz vor willkürlicher Verhaftung gibt und das Recht zu öffentlicher Anhörung und jeder als unschuldig gilt, bis seine Schuld erwiesen ist.

Ein demokratisches Sozialsystem, das den Erfordernissen Südafrikas entspricht

16. es das Recht eines jeden gibt, mit der Achtung behandelt zu werden, die ihm als einzigartigem Geschöpf Gottes gebührt, und daß seine Menschenwürde für immer unangetastet bleibt;
17. alle vor Verfassung und Gesetz gleich sind und das Recht haben, Gerichte und Staat anzurufen, um soziale Gleichheit zu schützen;
18. alle Angehörigen aller kulturellen Gruppen das Recht auf Erhalt ihrer Kultur und auf deren Ausübung haben, das nur durch gesetzliche Sicherung der Rechtsordnung und notfalls durch Maßnahmen zur Aufrechterhaltung der Gesellschaftsordnung eingeschränkt wird.

Ein freies und gerechtes Wirtschaftssystem

19. alle Menschen innerhalb der gesetzlichen Bestimmungen das Recht auf freie Entwicklung ihrer unternehmerischen Fähigkeiten haben;
20. alle ein Recht auf Eigentum haben, sei es als Einzel- oder juristische Person;

21. es ein Recht gibt, innerhalb der Voraussetzungen gleichen Lohns für gleiche Arbeit einer Erwerbstätigkeit nachzugehen und ein Gewerbe zum Zweck der Gewinnerzielung zu gründen, vorausgesetzt, daß dadurch weder die öffentliche Ordnung gestört noch die Rechte anderer verletzt werden;
22. Beratergremien eingerichtet werden, in denen Verbände von Landwirtschaft, Bergbau, Handel, Banken und Fertigungsindustrie mit der Regierung gemeinsam über die geeignetsten Maßnahmen beraten, einerseits die Gefahren des freien Handels und der Ausbeutung der Ressourcen und andererseits die Gefahren produktionshemmender Auflagen des Staates zu bannen;
23. alle ein Recht auf staatlichen Schutz vor ungerechter wirtschaftlicher Ausbeutung haben und der Staat die Pflicht hat, für größtmögliche gerechte Verteilung des Wohlstandes innerhalb seiner Grenzen zu sorgen.

Der Schutz der Minderheiten

24. Minderheiten in einer Art und Weise Schutz genießen, die den Geist der vorgenannten Erklärungen und Prinzipien nicht verletzt, ebenso in keiner Hinsicht die Prinzipien einer demokratischen Regierung;
25. keine Gruppe von einer anderen beherrscht wird.

Die Verhandlungspolitik

26. Wir erklären daher, daß vorgenannte Prinzipien und Erklärungen in Südafrika am besten durch eine in gewaltfreien Gesprächen und Aktionen erzielte Verhandlungslösung verwirklicht werden können und wir erklären ferner unsere Bereitschaft, Verhandlungen mit der südafrikanischen Regierung aufzunehmen unter der Voraussetzung, daß die Verhandlungen zunächst die gemeinsamen Forderungen zum Gegenstand haben, daß:
    26.1 alle politischen Gefangenen aus der Haft entlassen werden und daß ein Rechtsprechungsgremium geschaf-

fen wird, das die Funktion eines Ombudsmannes hat und das politische Parteien zur Revision eines jeden denkbaren Einzelfalles anrufen können;

26.2 die Gesetzgebung politischen Parteien das Recht einräumt, die Gerichte anzurufen, um einen verhängten Ausnahmezustand zu beenden, vorausgesetzt, es gibt wohlerwogene Gründe für die Annahme, daß dabei die normalen Strafverfolgungsbehörden in den Stand versetzt werden, Leben und Eigentum und die öffentliche Ordnung hinreichend zu schützen, daß sie ferner den politischen Parteien das Recht einräumt, die Gerichte anzurufen, um den ungerechtfertigten Einsatz von Truppen zu verhindern in Situationen, die im Normalfall Sache der südafrikanischen Polizei sind;

26.3 alle Verhandlungspartner sich auf ein von allen Seiten gebilligtes Procedere bei der Verhandlungsführung einigen;

26.4 nach erfolgreichem Abschluß der Verhandlungen freie und gerechte Wahlen für eine neue demokratische Regierung in Südafrika stattfinden.

Zum Ablauf der Verhandlungen

27. Um der Überbrückung der Klüfte, die die Apartheid in die südafrikanische Gesellschaft gerissen hat, bestmögliche Chancen zu geben, muß die Notwendigkeit von Kompromissen hinreichende Beachtung finden. Die schwarzen Südafrikaner erwarten Kompromißbereitschaft. Sie müssen ihrerseits die Kühnheit von Staatspräsident F. W. de Klerk anerkennen, der politisch den Schritt über Grenzlinien der Vergangenheit wagte, indem er die Politik des »Alles oder Nichts« aufgab.
28. Die Verhandlungen sollten eine Übereinkunft anstreben, wie die Rettung der höchsten Werte des Landes erreicht werden kann, wobei wir die Apartheid in jeder Form über Bord werfen.
29. Alle Verhandlungen mit der Regierung über die Ausrottung der Apartheid und die Errichtung der vorerwähn-

ten Art von Demokratie bergen kein Risiko, wenn die Regierung Gesetzesvorhaben einleitet, die im Lauf der Verhandlungen getroffene Entscheidungen, wie und wann auch immer zustande gekommen, in Kraft setzen. Sollte die Regierung dies nicht tun, würde sie nationalen und internationalen Apartheidsgegnern zu einer politischen Schlüsselstellung verhelfen.

Wir sollten Vertrauen in die Aufrichtigkeit der Regierung setzen, solange nicht bewiesen ist, daß wir dieses Vertrauen entziehen müssen, und wir sollten der Regierung Vertrauen ermöglichen, daß die Apartheidsgegner die Politik der Verhandlungen nicht sabotieren, indem sie mit vereinten Kräften das Ansehen der Regierung zerstört.

Gewiß werden sich Bitterkeit und Rachegelüste, die ihren Grund in der Apartheid und all ihren Ungerechtigkeiten – wie ich sie in früheren Kapiteln dargestellt habe – haben, nicht über Nacht in Nichts auflösen. Meine langjährige Überzeugung, daß es auch nach der Apartheid keinen idealen Staat geben wird, bleibt gültig. Es gibt nach wie vor gewisse Apartheidsgesetze, es ist aber klar, daß der institutionalisierte Rassismus auf dem Verhandlungsweg beseitigt werden kann.

Was der Staatspräsident, Mr. F. W. de Klerk, getan hat, hat mir Mut gemacht. Ich glaube an die Aufrichtigkeit seiner Bemühungen, Südafrika endlich auf den Weg zur Demokratie zu führen und politische Gleichberechtigung zwischen Schwarz und Weiß zu erreichen. In den letzten zwölf Monaten habe ich Mr. de Klerk viermal getroffen und während dieser Treffen gab es mehr echten Dialog zwischen mir und einem südafrikanischen Staatsoberhaupt als bei allen anderen Gesprächen zwischen mir und anderen südafrikanischen Staatsoberhäuptern zusammen.

Ich selbst glaube, daß Südafrikas Staatspräsident ein Mann ist, der es ernst meint, und der alle Anzeichen von Kompetenz hat, Südafrika in eine Politik der Wende zu führen: das Land durch Verhandlungen aus der Apartheid zu leiten und politische Modelle und eine neue Verfassung unter voller Einbeziehung der Schwarzenführer zu erarbeiten, die dem Land eine offene Demokratie mit Rassenfreiheit beschert.

Wir sind Zeugen von etwas, was viel mehr als ein politischer Akt eines Staatspräsidenten und einer politischen Partei ist. Wir sehen die Umgestaltung der weißen Gesellschaft, die ihre innere Kraft einsetzt, um eine wahrhafte Bewegung in Richtung auf eine Demokratie in Gang zu bringen.

Mit Ausnahme einer Minderheit von weißen Rechtsextremisten stimmen alle überein, daß die Zeit der Apartheid abgelaufen ist und daß sie nie wieder ihr häßliches Haupt erheben kann. Sie kann und wird abgeschafft werden. Es gibt daher keinen Grund für Besorgnisse der Schwarzen, den Weg zu einer demokratischen Politik mit den Weißen gemeinsam zu gehen.

Dr. Nelson Mandela und andere Schwarzenführer auch außerhalb Südafrikas teilen meine Einschätzung der Aufrichtigkeit von Mr. de Klerk. Man darf auch beim Nachdenken über Reformen hierzulande nicht den Präzedenzfall Namibia außer acht lassen, in dem Südafrika eine Verhandlungslösung akzeptierte.

Die Freilassung von Dr. Mandela und seiner Mithäftlinge sowie die Zurücknahme der Bannung aller Organisationen einschließlich des ANC, der PAP und der KP Südafrikas, dazu die Zurücknahme aller Restriktionen gegen Personen und Gruppen, haben, wie ich betonte, zu einem breiten Aufschwung an politischer Energie und Hochstimmung beigetragen.

Die Schritte, die Mr. de Klerk unternimmt, wurden von den Institutionen Südafrikas seit langem gefordert. Das schwarze Südafrika, die Verbände von Bergbau, Handel, Banken, Industrie, Universitäten, Kirchen usw. erhoben ihre Stimme gemeinsam. Sie alle unterstützen ohne Wenn und Aber den Reformprozeß, den er in Bewegung gesetzt hat, und viele Spitzenpolitiker des Westens und in Afrika haben sich angeschlossen, vor allem Mrs. Margaret Thatcher, Präsident George Bush, Präsident Kenneth Kaunda, Präsident Félix Houphouet-Boigny, Präsident Daniel Arap Moi, Seine Majestät König Moshoeshoe II., Präsident Mobutu und Präsident Chissano.

Doch ich will mit anderen Worten nochmals auf meine vorher geäußerte Ansicht zurückkommen, daß tragischerweise viel zu viele Einflußreiche in Südafrika, den USA, Großbritannien, Europa, Australien, Kanada und anderswo, auch in Afrika, nicht genügend Weitblick haben zu sehen, daß konstruktive Unterstützung Treibstoff für den Motor der Veränderungen in Südafrika ist.

Die Forderung nach fortgesetzten Wirtschaftssanktionen gegen Südafrika und fortgesetzter internationaler Isolation, die der ANC stellt, ist heute tragischerweise mehr denn je fehl am Platz. Genauso falsch ist die ANC-Forderung nach Verstaatlichung.

Ich will dies besonders hervorheben, denn der Schwebezustand in Südafrika erfordert rasche Veränderungen, die jetzt kommen müssen, die aber verzögert werden, wenn die Staatengemeinschaft Vorleistungen nicht durch Lockerung des Kapitalabzugs und anderer Strafmaßnahmen gegen Südafrika honoriert. Investitionen aller Art in die Zukunft des Landes müssen *jetzt* erfolgen.

Ein zentraler Punkt meiner Überlegungen ist, daß zunehmende Massenarmut immer demokratiefeindlich ist, und ich füge dieser Grunderkenntnis hinzu, daß wir ohne die Wiederaussöhnung zwischen den Rassengruppen in Südafrika nicht in der Lage sein werden, den nationalen Willen zu stärken, einen Wohlstand zu schaffen, der zukünftigen Regierungen ermöglicht, die Defizite im Wohnungsbau, in der Erziehung und bei den Wohlfahrtseinrichtungen in Angriff zu nehmen. Sollte dies nicht möglich sein, so werden Arbeitslosigkeit und manifeste Armut, die man nicht von heute auf morgen beseitigen kann, dieselbe Unzufriedenheit schaffen, die zum Beispiel in Mozambique und Angola so völlig destruktiv sich auswirkte.

Parteipolitik muß so gestaltet werden, daß die Schaffung von Wohlstand bestmöglich gelingt, und es muß ein Gleichgewicht erzielt werden zwischen einer Art marktwirtschaftlichem System freien Unternehmertums und den Interessen von Geschäftswelt und Regierung, drohende Massenarmut abzuwehren.

Wie ich in früheren Kapiteln klargestellt habe, lehne ich Sozialismus strikt ab und ich glaube, daß es Alternativen zur Verstaatlichung gibt, wenn man die Lösung der Grundbesitz- und Armutsprobleme Südafrikas angeht – die Inkatha wird sie zu gegebener Zeit auf den Tisch legen. Ich will klarstellen, daß die Inkatha unter Berücksichtigung wichtiger Anstöße aus Handel, Industrie, Akademiker- und anderen Kreisen bereits dabei ist, zukünftige Wirtschaftsstrategien klar zu umreißen, die konstruktiv sind und Aussicht auf Erfolg haben. Wir teilen nicht den Standpunkt: »Schröpfe die Reichen, damit du die Armen füttern kannst«.

Wir *können* eine verantwortungsvolle Balance herstellen zwischen Privatunternehmertum und notwendigen Staatskontrollen, wie sie im sozialen, demokratischen Gedankengut Westeuropas mustergültig ausgeprägt sind. Ein freies Unternehmertum muß sich gleichzeitig mit der Abschaffung der Apartheid entwickeln.

Freies Unternehmertum und Regierung werden sich zusammenraufen müssen, ihre unterschiedliche und doch gemeinsame Verantwortung zu definieren, weil beide ein begründetes Interesse daran haben, hinreichenden Erfolg bei der Erhöhung des Lebensstandards der breiten Mehrheit zu erzielen, um sicherzustellen, daß diese weiterhin so regiert werden will, wie sie regiert wird.

Das freie Unternehmertum wird ein bestimmender Faktor im Wechselspiel der Macht werden in dieser Zeit richtungweisender Verhandlungen, die nun für Südafrika begonnen hat. Wie sich auf anderen Gebieten, wird man auf beiden Seiten bei Diskussionen zwischen Wirtschaft und Politik zu Kompromissen kommen müssen. Marxistische und sozialistische Planwirtschaft wäre eine Katastrophe, aber hemmungsloses Ausbeutertum einer ungebremsten Marktwirtschaft wäre um keinen Deut besser.

Übergangszeiten sind immer risikobeladen und ich fordere daher alle schwarzen und weißen Führungspersönlichkeiten in Südafrika und anderswo dazu auf, alles in ihrer Macht stehende zu tun, um die politischen Risiken für das Land so gering wie möglich zu halten und Südafrikas Zukunft nicht um parteipolitischer und ideologischer Vorteile willen aufs Spiel zu setzen.

In einem beträchtlichen Ausmaß ist für das schwarze wie das weiße Südafrika der Weg nun frei, sich auf halber Strecke zu treffen, um echte Gespräche und echte Verhandlungen zu beginnen. Kompromisse sind erforderlich, es sei denn, sie beträfen die Grundsätze der Demokratie. Wir müssen zu Kompromissen bereit sein, wenn Verhandlungen möglich werden sollen.

Meine Vision eines in nicht allzu ferner Zukunft entstehenden neuen Südafrika kann Wirklichkeit werden, und trotz meiner großen Sorge über das undemokratische und nihilistische Verhalten, das einige an den Tag legen, habe ich größte Zuversicht und größten Glauben, daß das einfache Volk dieses Landes sich zusammensetzen wird, um etwas Großes und Dauerhaftes zu schaffen.

Wir müssen nun also sehen, wie wir wirkliche Verhandlungen auf den Weg bringen können. Kann es Verhandlungen geben, solange im Land der Ausnahmezustand herrscht und die Gewalt weitergeht? Ich fordere die Aufhebung des Ausnahmezustands. Andererseits bin ich davon überzeugt, daß die Bürger ein Anrecht auf staatlichen Schutz haben. Wir sitzen also alle in der Klemme.

Der ANC und die Inkatha wollen beide die Aufhebung des Ausnahmezustandes. Ich bin sicher, daß auch die Regierung dies wünscht, doch was geschieht mit den Bürgern, die um den Schutz des Staates bitten, die um Sicherheit bangen, die sie von Polizei und Armee für ihr Leben und ihre Wohnungen erhoffen? Menschen sehen sich ständigen Angriffen ausgesetzt, ganze Familien werden ausgelöscht. Das ist die Realität. Wird sich der Staat bequem zurücklehnen und nur mit dem Zeigefinger drohen, wenn Jugendliche – und nicht nur sie – im wahrsten Sinn zu Tötungsmaschinen werden, um als »gute Jungs« gelobt zu werden?

In meiner Gegenwart sagte der Staatspräsident, er wünsche sich Zustände, die die Aufhebung des Ausnahmezustands möglich machten. Er fügte hinzu, der Ausnahmezustand sei »kein politisches Faustpfand« und er solle nicht dazu mißbraucht werden, politische Fortschritte zu stoppen. Er sei ein Regulativ zum Schutz der breiten Masse.

Es ist nun einmal so, daß wir erkennen müssen, daß die institutionalisierte Politik die Hauptbühne der Verhandlungen beherrscht. Verhandlungen sind der Sache nach Verhandlungen zwischen politischen Parteien. Ich plädiere dafür, daß der Reformprozeß derart abläuft, daß die Regierung Verhandlungsergebnisse schrittweise in die Gesetzgebung einbringt.

Wenn schrittweise Übereinkünfte die Basis für gemeinsame Entscheidungen geschaffen haben, wird dieses Vorgehen eine zentrale Rolle spielen beim Abbau von Rassenspannungen, beim Überbrücken der Rassenklüfte und beim Verzicht auf Blutvergießen.

Dieses Vorgehen ist besser als andere geeignet, Südafrika von seiner besten Seite zu zeigen und das Schlechte über Bord zu werfen, und zwar in einer für alle annehmbaren Art und Weise. Wäre dies der Tenor der Politik der Veränderung, hätten wir als Endergebnis ein ausgesöhntes Südafrika.

Bei der Zielvorstellung für die Verhandlungen gibt es schon ein Hand-in-Hand-Gehen auf breiter Front – eine nichtrassische Mehrparteiendemokratie zu schaffen, Rechtstaatlichkeit und politische Vereinigungsfreiheit und alle anderen großen Worte der Internationalen Erklärung der Menschenrechte zu garantieren.

Aber es wird dennoch bitteren Streit über die Frage

geben, ob diese Ideale besser in einer Ein- oder Mehrparteiendemokratie zu verwirklichen sind.

Die Gefahr, daß dies die Verhandlungen ins Stocken bringen könnte, ist gering. Wenn sie ins Stocken geraten, dann vermutlich eher wegen starker Meinungsverschiedenheiten darüber, wie und in welcher Form der Verhandlungsprozeß gestaltet werden soll.

Wie ich schon hervorgehoben habe, hat der ANC sein Harare-Dokument vorgelegt, das auf die Forderung hinausläuft, die südafrikanische Regierung solle die Macht an eine konstituierende Versammlung nach dem Muster von Namibia abgeben, die eine Art Hebamme für eine neue Verfassung spielen soll. Wie ich deutlich machte, widersetze ich mich einem solchen Schachzug. Wir brauchen weniger, nicht mehr Rassenkonflikte, weniger, nicht mehr Rassenängste. Wir brauchen kein Szenario, das die Wucht eines Gegenschlags konservativer Weißer dramatisch verstärkt. Manche tun so, als zähle das weiße Südafrika nicht. Ich sage, es zählt und es soll immer zählen. Ich lehne es ab, eine zukünftige Politik in Südafrika unter den Vorzeichen des Rassismus zu betreiben, unter dem die Weißen nach Abschluß der Verhandlungen ins Abseits gestellt werden.

Wie schon erwähnt hat der Staatspräsident unwiderrufliche Entscheidungen für den Beginn von Verhandlungen getroffen und es gibt absolut keine Aussichten, daß die Apartheid weiter gestützt wird. Die Schwarzen können daher die Politik der Verhandlungen positiv umgestalten und müssen keine Nachteile befürchten vom notwendigen Geben und Nehmen und den Kompromissen, die in zentralen Fragen unumgänglich sind, wenn nicht alles scheitern soll.

Aus diesem Grund spreche ich mich dafür aus, daß die Schwarzen die Verhandlungen so führen, daß der Regierung Südafrikas gar nichts anderes übrig bleibt, als Veränderungen gesetzlich festzuschreiben.

Man fragt mich immer wieder nach der Zukunft der »Homelands« in diesem neuen Südafrika. Dies zeigt einen völligen Mangel an Kenntnis über meinen Standpunkt, den ich seit vielen Jahren vertrete. Ich gründete die Buthelezi-Kommission und war maßgeblich an der Schaffung von KwaZulu Indaba und der KwaZulu/Natal Joint Executive Authority beteiligt, und zwar aus dem einzigen Grund, weil ich KwaZulu und das Volk der Zulu immer als Teil und Gebiet eines vereinten Südafrika gesehen habe.

Ich bin vor vielen Jahrzehnten in die Politik gegangen, weil das Volk der Zulu – und das schwarze Südafrika als Ganzes – in unversöhnlicher Gegnerschaft zu allen Aspekten der Apartheid stand, auch zu dem der Zerstückelung Südafrikas und unserem Verlust der Staatsbürgerschaft. Die Inkatha war an pragmatischen, demokratischen Aktivitäten beteiligt, die das Ziel der Einigung dieses Landes zu gegeber Zeit hatten. All unsere Bemühungen der vielen Jahre hatten das Ziel, an der Schaffung eines geeinten, nichtrassischen Südafrika mitzuwirken.

Zum Schluß will ich nochmals versichern, daß ich glaube, daß das Volk von Südafrika das Recht hat, über seine Zukunft selbst zu entscheiden. Es wird über die Mitglieder der ersten Regierung nach der Apartheid entscheiden und darüber, wer nach ihren Vorstellungen die Bildung dieser Regierung übernehmen soll. Mein Kampf gilt in erster Linie und bedingungslos dem Recht des Volks.

März 1990

Register